원인과 결과의 경제학

나카무로 마키코 · 쓰가와 유스케 지음
윤지나 옮김

죄송한데 그거랑 그게
무슨 상관이죠?

원인과
결과의
경제학

넘치는
데이터 속에서
진짜 의미를
찾아내는 법

일본 아마존
경제경영
1위

리더스북

얄팍한 사람은 운을 믿는다.
강한 사람은 원인과 결과를 믿는다.

랠프 월도 에머슨 Ralph Waldo Emerson

차례

제1장

근거 없는 통설에 속지 않으려면
인과 추론의 본질

제2장

건강검진을 받으면 오래 살 수 있다?
제대로 된 비교는 랜덤이 진리

제3장

남성 의사가 여성 의사보다 뛰어나다?

우연히 일어난 상황을 이용해볼 수 있다면

제4장

어린이집을 늘리면 여성 취업률이 올라갈까?

'트렌드'에 속지 마라

당신이 알고 있는 사실은
진실인가?

본론으로 들어가기에 앞서, 다음 세 가지 질문에 답해보자.

- 건강검진을 받으면 장수할 수 있다?
- 아이들이 텔레비전을 많이 보면 성적은 떨어진다?
- 명문 대학을 졸업하면 연봉이 높다?

전부 'YES'라고 답한 경우가 많을 것이다. 많은 사람들이 '인과관계'와 '상관관계'를 혼동하기 때문이다. 그러나 경제학적 관점에서 이들은 모두 틀린 이야기일 수 있다.

한 가지 예를 들어보자. 흔히 체력이 좋은 아이일수록 성적이 높은 경향이 있다고들 한다. [도표 0-1]은 체력 테스트와 학력 테스트의 광역자치단체별 평균값의 관계를 그래프로 나타낸 것

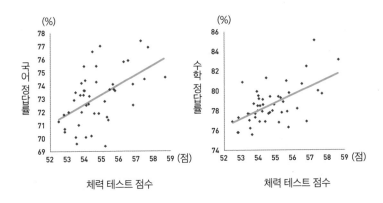

도표 0-1 체력이 좋은 아이는 성적이 높다?

[출처] 광역자치단체별 체력 테스트와 학력 테스트 평균값의 관계. '2014년도 전국 체력·운동 능력, 운동 습관 등 조사'(문부과학성), '2014년도 전국 학력·학습 상황 조사'(국립교육정책연구소)를 토대로 저자가 작성.

이다. 이 표를 보면 아이들의 체력 테스트 점수가 높은 지역일수록 학력 테스트의 점수도 높은 것으로 나타나 있다. 과연 '체력이 좋기 때문에 성적이 높다'고 봐도 무방할까? 아이들의 성적을 높이려면 먼저 체력부터 길러주면 될까?

'두 개의 사실 중 한쪽이 원인이고 다른 한쪽이 결과'인 상태를 '인과관계가 있다'고 한다. 즉, 체력이 좋다는 '원인'에 의해 성적이 높다는 '결과'가 발생했다면 이 관계는 인과관계라고 할 수 있다. 한편 '두 사실이 서로 관계는 있지만, 원인과 결과의 관계에 있지 않은 것'을 '상관관계가 있다'고 한다. 만일 두 사실의 관계가 상관관계라면 '언뜻 원인처럼 보이는 것'이 다시 발생해도 기대하는 '결과'는 얻을 수 없다.

인과관계와 상관관계를 정확하게 구분하는 것은 매우 중요한 문제다. '체력이 좋기 때문에 성적이 높다'는 말은 '체력만 좋아지면 전혀 공부하지 않아도 성적을 높일 수 있다'는 이야기가 된다. 이는 논리가 성립되지 않으므로 체력과 학력의 관계는 인과관계가 아니라 상관관계로 보는 것이 자연스러울 것이다. 따라서 아이의 체력을 길러주어도 성적은 오르지 않는다. 이 교훈은 매우 중요하다. 인과관계와 상관관계를 혼동하면 잘못된 판단을 내리는 우를 범할 수 있기 때문이다.

그나마 아이들의 체력과 학력의 관계 같은 사례의 경우는 인과관계와 상관관계를 혼동하는 사람들이 상대적으로 많지는 않다. 그러나 세상에 넘쳐나는 정보들 중 왠지 조금 더 그럴듯해 보이는 이야기에는 아무 의심 없이 혼동하는 사람들이 매우 많은 것도 안타깝지만 사실이다. 다시 세 가지 질문으로 돌아가 보자.

• 건강검진을 받으면 장수할 수 있다.
• 아이들이 텔레비전을 많이 보면 성적은 떨어진다.

• 명문 대학을 졸업하면 연봉이 높다.

이 세 가지 통설이 맞다고 주장하려면 '건강검진'과 '장수', '텔레비전'과 '아이들의 성적', '커트라인이 높은 대학'과 '수입' 사이에 상관관계가 아닌 인과관계가 존재해야 한다. 과연 두 사실의 관계는 인과관계일까? 아니면 상관관계에 지나지 않을까?

데이터, 어떻게 해석할 것인가

우리가 주로 학교나 회사를 통해 받는 건강검진[1]은 정확히는 '대사증후군 건강검진'이라고 한다. 이를 통해 자신의 건강 상태를 확인해 생활습관병을 예방하거나, 몰랐던 질병을 발견하게 되어 장수할 수 있으리라 믿는 사람들이 많을 것이다.[2]

---

1 '검진'에는 생활습관병 예방을 목적으로 하는 것과 암 검진처럼 특정 질병의 조기 발견을 목적으로 하는 것이 있는데, 여기서는 전자를 말한다.

2 대사증후군 건강검진은 허리둘레, 중성지방, HDL 콜레스테롤, 혈압, 공복 시 혈당을 토대로 진단이 이루어지는데, 이 진단 기준의 과학적 근거가 부족하다는 비판도 있다.

[도표 0-2]의 그래프를 보면 대사증후군 건강검진 시 생활 지도를 받은 사람들은 이듬해에 허리 둘레와 체중이 줄고 혈당치와 혈압도 낮아진 것처럼 보인다. 언뜻 봐서는 건강검진을 받으면 건강이 개선되어 장수할 수 있다고 해도 좋을 듯하다.

그런데 이 데이터를 근거로 '건강검진을 받았기 때문에 장수할 수 있다'고 말할 수 있는지는 꼼꼼히 따져봐야 한다. 즉 '건강검진과 건강의 관계가 인과관계인지 아니면 상관관계에 지나지 않는지'를 명확히 해야 한다는 것이다. '건강검진을 받았기 때문에 장수할 수 있는 것(인과관계)'이 아니라, '건강검진을 받을 정도로 건강에 대한 의식이 높은 사람일수록 장수하는 것(상관관계)'으로 해석하는 것이 타당할 수 있기 때문이다.

결론부터 말하면, 대사증후군 건강검진과 장수 사이에 인과관계는 없다. 따라서 '나는 매년 건강검진을 받고 있으니 괜찮다'는 안심은 금물이다. 자세한 내용은 제2장에서 살펴보기로 한다.

도표 0-2 건강검진을 받은 사람은 건강해졌는가?

■ 검진 및 지도를 받은 사람
■ 검진 및 지도를 받지 않은 사람

(각 수치는 2008년과 2009년의 차)

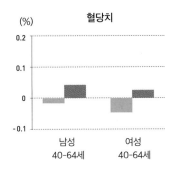

혈당치

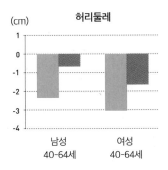

허리둘레

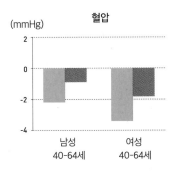

혈압

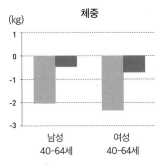

체중

* 대사증후군 건강검진 결과 생활습관병의 위험성이 높은 것으로 판단된 사람을 대상으로 보건 지도를 실시한다. 지도는 동기부여 지원(원칙적으로 1회 지도)과 적극적 지원(정기적이고 지속적인 지도) 등 두 가지다. 여기서는 적극적 지원 참여자를 '검진 및 지도를 받은 사람', 불참자를 '검진 및 지도를 받지 않은 사람'으로 분류했다. 혈당 치는 HbA1c, 혈압은 수축기 혈압치를 표시한다.

[출처] 제14회 보험자의 건강검진, 보건 지도 등에 관한 검토(후생노동성, 2015년).

아이가 텔레비전만 본다며 고민하는 부모들이 많다. 통계에 따르면 초등학교 6학년은 평일에 약 2.2시간, 휴일에는 약 2.4시간 텔레비전 앞에서 시간을 보낸다고 한다.

[도표 0-3]을 보면 하루에 세 시간 이상 텔레비전을 보는 어린이는 한 시간 이하로 보는 어린이에 비해 시험 성적이 나쁘다. 이것만 봐서는 텔레비전 시청이 성적에 나쁜 영향을 미치는 것처럼 보인다. 그러나 텔레비전 시청과 어린이의 성적의 관계가 인과관계인지 아니면 상관관계인지는 꼼꼼히 따져볼 문제다. '텔레비전을 보기 때문에 성적이 떨어지는 것(인과관계)'일까? 아니면 '성적이 낮은 어린이일수록 텔레비전을 많이 보는 것(상관관계)'뿐일까?

이 질문에 대해서도 결론부터 말하면, 텔레비전을 보는 시간과 성적 사이에는 확실한 인과관계가 있지만, 텔레비전 시청 시간이 길수록 성적은 낮아지지 않고 오히려 높아진다고 한다. 자세한 내용은 제5장에서 살펴보기로 하겠다.

도표 0-3 텔레비전을 많이 보는 어린이의 성적은 낮다?

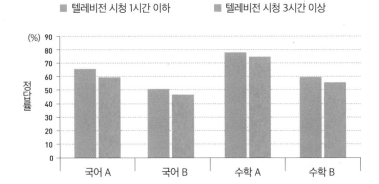

■ 텔레비전 시청 1시간 이하　　■ 텔레비전 시청 3시간 이상

(%)

정답률

국어 A　　국어 B　　수학 A　　수학 B

* 학력 테스트 결과는 초등학교 6학년 '전국학력학습상황조사'의 국어와 수학 정답률을 이용했다. A는 기초, B는 응용 문제다.

[출처] 일본 문부과학성 '2015년도 전국학력조사'.

인과관계의 유무가 왜 문제되는가

'명문 대학에 가면 미래의 수입이 오른다'고 믿는 사람들이 많다. 실제로 데이터를 보면, 표준점수가 높은 대학 출신자는 연봉이 높은 경향이 있다([도표 0-4]).

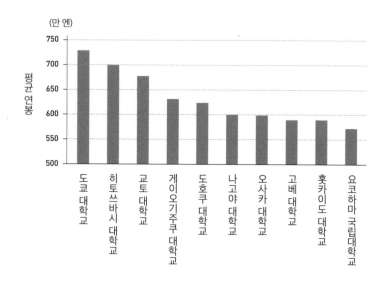

도표 0-4 대학별 졸업생 평균 연봉
(상위 10개 대학)

[출처] 취업 정보 사이트 DODA

여기서도 중요한 것은, 대학교의 입학 기준 점수와 연봉의 관계가 인과관계와 상관관계 중 어느 쪽이냐 하는 것이다. '입학 점수가 높은 대학에 갔기 때문에 수입이 높은 것(인과관계)'이 아니라, '미래의 수입이 상승할 만한 잠재력이 높은 사람일수록 커트라인이 높은 대학에 다니는 것(상관관계)'뿐일지도 모른다.

이 질문에 대해서도 결론부터 말하면, 대학의 입학시험 점수와 미래의 수입 사이에 인과관계는 없다. 일류 대학에 간다고 해서 무조건 인생이 풀리는 것은 아니라는 이야기다.

인과관계가 존재하지 않는 것이 대체 뭐가 문제냐고 생각하는 사람들도 있을 것이다. 건강검진을 받지 않는 것보다 받는 것이 낫고, 오랜 시간 텔레비전을 보는 것보다 적당히 보는 것이 나으며, 입학 점수가 낮은 대학보다는 높은 대학에 가야 한다고 생각하는 사람도 분명 있을 것이다. 그러나 우리가 어떤 행동을 할 때는 상당한 돈과 시간이 든다. 그런데 인과관계가 있는 것처럼 보이지만 실은 그렇지 않은 통설을 믿고 행동했다가 기대했던 효과를 얻지 못할 뿐 아니라 돈과 시간까지 버리게 된다면? 이는 바꿔 말해 그 돈과 시간을 정확히 인과관계에 근거한 곳에 쓰면 좋은 결과를 얻을 확률이 그만큼 높아진다는 것이다.

착각으로부터 자유로워지는 법

"정말 인과관계가 존재하는가?" 최근 경제학 연구는 이 질문에 답하기 위해 많은 에너지를 쏟고 있다. 인과관계인지 상관관계인지 정확히 구분해내기 위한 방법론을 '인과 추론'이라고 한다. '인과'란 문자 그대로 '원인와 결과'를 뜻하며, '추론'이란 '있는 사실을 토대로 판단을 이끌어내는 것, 추리와 추정을 통해 결론을 이끌어내는 것'을 의미한다. 즉, 두 개의 사실이 각각 원인과 결과인지 평가해 결론을 이끌어내는 것이다. 일상생활 속에서도 인과관계와 상관관계의 차이를 이해하고 '정말 인과관계가 있는지' 명확히 하는 훈련을 해두면 착각이나 근거 없는 통설에 현혹되지 않고 정확한 판단을 내릴 수 있다.

이 책은 인과 추론의 근본 개념을 철저하고 알기 쉽게 설명하기 위해 쓰여졌다. 인과 추론의 '입문 중의 입문'으로 보면 좋을 것이다. 완전 초보자를 위한 입문이기 때문에 경제학에 대한 배경 지식을 필요로 하지 않으며 수식 등도 전혀 사용하지 않았다. 그리고 인과 추론과 데이터를 이용한 경제학의 연구 결과를 소개하고 그 해석, 즉 자료를 보는 방법에 대한 설명에도 지면을 충분히 할애했다. '빅데이터'가 유행어처럼 된 지금 누구나 간

단히 데이터를 분석할 수 있게 됐다. 그러나 이는 데이터의 분석 결과를 정확하게 해석할 수 있게 됐다는 의미가 아니다. 빅데이터 시대에는 데이터 분석 기술뿐 아니라 데이터의 분석 결과를 해석하는 기술도 필요하다.

여기서 잠시 저자를 소개한다. 먼저 나카무로 마키코中室牧子는 교육경제학자다. 데이터와 경제학의 기법을 이용해 어떤 교육이 아이들의 성적과 능력을 향상시킬 수 있는지에 대해 연구하고 있다. 그녀는 개인의 체험을 기초로 한 교육론이 아닌, 인과관계를 시사하는 과학적 근거에 기초한 육아와 교육 정책의 중요성을 강조한다. 쓰가와 유스케津川友介는 의사이자 의료정책학자다. 빅데이터를 이용해 의료의 질을 개선하고 의료비의 증가를 억제하는 방법에 대해 연구하고 있다. 그는 하버드 대학교에서 미국을 대표하는 의료경제학자 중 한 명인 조지프 뉴하우스Joseph P. Newhouse와 인과 추론 체계화의 일인자 도널드 루빈Donald B. Rubin으로부터 직접 수학했다.

비즈니스 현장이나 정책 현장은 물론, 일상적인 대화를 할 때도 인과관계를 의식해 발언하는 사람들이 많은 미국에 비해, 일본에서는 인과 추론을 체계적으로 배울 기회가 거의 없다. 그 때문인지 텔레비전이나 신문에서 상관관계에 지나지 않는 것을 마치 인과관계가 있는 양 보도하는 경우를 종종 보게 된다. 기업 경영자나 정책 담당자들조차 인과관계와 상관관계를 혼동하는 경우가 많다.

인과관계가 확실하지 않은, 근거 없는 통설이 수없이 많은 곳 중 하나가 바로 교육과 의료 분야다. 이 책에서는 그러한 교육과 의료 사례를 위주로 독자 여러분이 인과 추론의 기본적인 개념을 익힐 수 있도록 구성했다.

19세기를 대표하는 미국의 사상가이자 작가인 랠프 월도 에머슨은 "얄팍한 사람은 운을 믿는다. 강한 사람은 원인과 결과를 믿는다"고 말했다. '인과 추론'은 결국 데이터가 범람하는 시대의 필수 교양이라 할 수 있을 것이다.

제1장

근거 없는 통설에 속지 않으려면

인과 추론의 본질

제3의 변수

원인과 결과.모두에 영향을 주며, 상관관계에 지나지 않는 것을 마치 인과관계가 있는 것처럼 보이게 만드는 성가신 존재. 전문용어로는 '교란요인'이라고 부른다.

인과관계와 상관관계

먼저 인과관계와 상관관계의 개념에 대해 다시 정리해보자. 두 사실 중 한쪽이 원인이 돼 다른 한쪽이 결과로 생겨난 경우, 이 둘 사이에는 '인과관계'가 있다고 한다. 한편 한쪽에 이끌려 다른 한쪽도 변화한 것처럼 보이지만, 원인과 결과의 관계에 있지 않은 경우는 '상관관계'가 있다[1]고 한다([도표 1-1]). 즉, 상관

도표 1-1 인과관계와 상관관계

원인이 있었기 **때문에** 결과가 생겨났다.

원인과 결과의 관계가 아니다.

---

1 상관관계라는 말을 '원인과 결과의 관계에 있는 것'과 '원인과 결과의 관계에 있지 않은 것' 모두를 포함한 넓은 의미의 개념으로 보는 경우도 있지만, 이 책에서는 혼란을 피하기 위해 보다 엄밀한 의미의 개념을 쓰기로 한다.

관계는 어떤 특정한 관계가 성립돼 있기는 하지만 그것이 인과관계는 아니라는 의미다.

여기서 말하는 '사실'처럼 다양한 값을 취하는 데이터를 '변수'라고 한다. 변수는 연령이나 신장과 같은 수치형 변수도 있고, 남성·여성처럼 어느 한쪽의 값을 취하는 문자형 변수도 있다. 이 책에서는 변수를 '원인'과 '결과' 두 가지로 나눠 접근할 것이다.[2] 일단은 두 변수의 관계가 인과관계인지를 밝히는 데 필요한 개념이 바로 '인과 추론'이라는 것을 기억해두자.

가장 먼저 체크해야 할 세 가지 포인트

두 변수의 관계가 인과관계인지 아니면 상관관계인지를 확인하기 위해서는 다음의 세 가지를 의심해봐야 한다.

1. '우연의 일치'는 아닌가?
2. '제3의 변수'는 없는가?
3. '역逆의 인과관계'는 존재하지 않는가?

---

2   학문 분야에 따라서는 '원인'을 '독립 변수', '설명 변수', '처치 변수', '폭로 인자'라고 부르기도 한다. 그리고 '결과'는 '종속 변수', '피설명 변수', '아웃컴(outcome)'이라고도 한다.

'우연의 일치'는 아닌가?

누군가 "지구온난화가 진행되면 해적 수가 줄어든다"고 주장했다고 치자. 터무니없어 보이지만, [도표 1-2]를 보면 실제로 지구온난화가 진행될수록 해적 수가 감소하고 있다. 그러나 상식적으로 '지구온난화 때문에 해적이 줄었다'고 보기는 어렵다. 이 두 사실 사이에 마치 관계가 있는 것처럼 보이는 것은 실은 '우연의 일치' 때문이다.

도표 1 - 2 지구온난화가 진행되면 해적 수가 줄어든다?

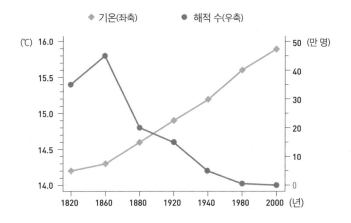

[출처] 《포브스》 웹사이트 자료를 바탕으로 저자가 작성.

이처럼 우연의 일치이기는 하지만, 두 변수가 매우 비슷한 움직임을 보이는 것을 '거짓 상관'이라 부른다. 미군의 정보분석가인 타일러 비겐Tyler Vigen이 집필한 『거짓 상관Spurious Correlations』에는 '우연의 일치'에 해당하는 예가 다수 소개되어 있다. '니컬러스 케이지의 연간 영화 출연 편수'와 '수영장 익사자 수'([도표 1-3]), '미스 아메리카의 나이'와 '난방 기구로 인한 사망자 수'([도표 1-4]), '상점가의 총수입'과 '미국 내 컴퓨터과학 박사 학위 취득자 수'([도표 1-5]) 등이 각각 강력한 상관관계를 보이는 사례로 제시된 것이다. 말도 안 되는 소리 같지만 두 변수를 그래프로 만들어 보면 놀라울 정도로 확실한 상관관계가 보인다. 일본의 "바람이 불면 나무통 장수가 돈을 번다(무슨 일이 일어나면 돌고 돌아 의외의 곳에서 영향이 미친다는 뜻 - 옮긴이)"는 속담도 같은 맥락인데, 이런 '우연의 일치'에 의해 나타나는 현상들 간의 상관관계가 얼마든지 있을 수 있다는 점에 유의해야 한다.

뭐 이런걸 다 인과관계로 착각하는 사람이 있을까 싶지만, 주가를 예측하는 사람들 중에는 우연의 일치로 발생한 사건들을 마치 '근거는 없지만 잘 맞는 경험 법칙(경험으로부터 귀납적으로 얻어진 사물의 인과관계와 성상에 관한 지식과 법칙 - 옮긴이)'처럼 믿는 사람이 의외로 많다.

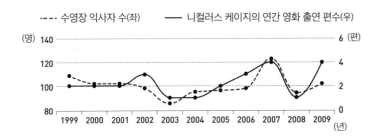

도표1-3 니컬러스 케이지의 연간 영화 출연 편수와 수영장 익사자 수

- - - 수영장 익사자 수(좌)   ── 니컬러스 케이지의 연간 영화 출연 편수(우)

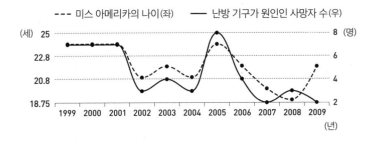

도표1-4 미스 아메리카의 나이와 난방 기구로 인한 사망자 수

- - - 미스 아메리카의 나이(좌)   ── 난방 기구가 원인인 사망자 수(우)

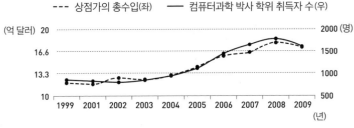

도표1-5 상점가의 총수입과 미국 내 컴퓨터과학 박사 학위 취득자 수

- - - 상점가의 총수입(좌)   ── 컴퓨터과학 박사 학위 취득자 수(우)

[출처] 타일러 비겐 웹사이트

예를 들어 "미야자키 하야오宮崎駿 감독이 이끄는 스튜디오 지브리 영화가 일본 텔레비전에서 방영되면, 미국의 주가가 떨어진다"는 '지브리의 저주'에 대해 들어본 적이 있는가? 이 사례야말로 '우연의 일치'에 의한 거짓 상관의 전형적인 예로서,[3] 미국《월 스트리트 저널》에서도 소개되면서 화제가 됐다. 즉 우리가 어떤 사실들을 놓고 인과관계인지 검토할 때는 두 변수의 관계가 우연의 일치에 지나지 않는지 먼저 의심해보는 자세가 필요하다 하겠다.

'제3의 변수'는 없는가?

다음으로 의심해봐야 할 것이 바로 원인과 결과 모두에 영향을 주는 '제3의 변수'의 존재다. 바로 교란 요인이라 한다.[4] 이는 상관관계에 지나지 않는 것을 마치 인과관계가 있는 것처럼 보

---

3   이러한 법칙이 알려지면 이를 의식한 투자 행동이 일어나기 때문에 우연의 일치라고 보기 어려워진다. 경제학에서는 이를 '노이즈 트레이더(noise trader, 정확한 정보에 근거한 합리적인 분석과 판단에 따라 투자를 하는 것이 아니라, 주관적인 판단이나 근거 없는 루머에 따라 뇌동매매에 곧잘 휩쓸리는 투자자─옮긴이)'가 존재하는 경우의 이론으로서 다루고 있다.

이게 만드는 성가신 존재다.

　구체적인 사례를 살펴보자. 앞서 언급했듯이 '체력이 좋은 아이들이 성적도 높다'고 생각하는 사람들이 많다. 이런 통념 때문에 아이에게 운동을 시키려는 부모들도 있을 것이다. 그러나 체력과 학력 사이에 인과관계가 있다고 단정 짓기에는 성급한 감이 있다. 아이들의 체력과 성적 모두에 영향을 미치는 제3의 변수가 있을지 모르기 때문이다([도표 1-6]). 한 예로 교육열이 강한 부모는 아이에게 스포츠를 배우게 하거나 식사에 신경을 쓸 테고, 이와 동시에 아이에게 공부를 시킬 것이기 때문에 성적도 높은 경향이 있다. 이 경우 실제로 아이들의 성적을 향상시키는 것은 체력이 아니라 '부모의 교육열'이다. 만일 그렇다면 무리해서 체력을 키워도 아이의 성적은 오르지 않을 것이다. 이처럼 인과관계인지 상관관계인지 검토할 때는 원인과 결과 모두에 영향을 주는 요인이 존재하는지 의심해보는 것이 먼저다.

4　경제학에는 '누락변수(omitted variable)'라는 용어가 있는데, '교란 요인'과 상당히 가까운 개념이다.

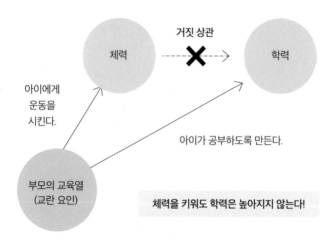

'역의 인과관계'는 존재하지 않는가?

다음으로 의심해봐야 하는 것은 '역의 인과관계'가 존재하는 지의 여부다. 예를 들어 경찰관 수와 범죄의 관계에 대해 생각 해보자. 지역별 경찰관의 수와 범죄 발생 건수가 비례 관계에 있다고 할 때, 당연히 '경찰관이 많다'는 것이 원인이 되어 '범 죄의 발생 건수가 많다'는 결과를 발생시켰다고 보기에는 무리 가 있다(경찰관→범죄). 오히려 범죄가 많은 우범 지역이기 때문

에 많은 경찰관을 배치한 것이라고 보는 것이 타당하다(범죄→
경찰관). 이처럼 원인이라고 오해했던 것이 결과이고, 결과라고
생각했던 것이 원인인 상태를 '역의 인과관계'라고 부른다. 즉
원인과 결과의 방향이 반대가 아닌지 먼저 의심해보아야 할 필
요가 있다.

　지금까지 설명한 내용을 [도표 1-7]을 보면서 다시 정리해보
자. 두 변수가 인과관계에 있다면 다시 원인이 발생했을 때 같은
결과를 얻게 된다. 즉 '우연의 일치', '교란 요인', '역의 인과관
계'는 존재하지 않는다는 것이다. 한편 두 변수의 관계가 상관관
계에 지나지 않는다면, '우연의 일치', '교란 요인', '역의 인과관
계' 중 하나가 존재한다. 상관관계의 경우, 그 원인이 다시 일어
나도 같은 결과를 얻게 된다고 보기는 어렵다.

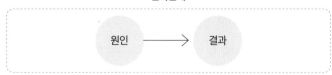

인과관계

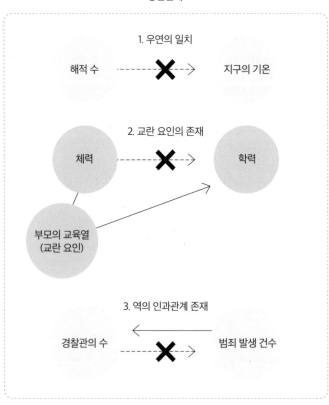

상관관계

'반사실'로 증명하다

이 세 가지가 존재하지 않는다는 것은 어떻게 증명하면 좋을까? 그 방법은 현실과 '반사실反事實'을 비교하는 것이다. 반사실이란 "만약에 ○○을 하지 않았더라면 결과는 어떻게 됐을까?"라는 식으로 실제로는 일어나지 않은 사실을 가정하는 시나리오를 가리킨다. 우리의 일상생활에서도 반사실의 예는 많다. "그때 이 회사로 옮기지 않았더라면 지금 수입은 얼마나 됐을까?", "그때 그와의 결혼을 결심했더라면 지금쯤 나는 어떻게 살고 있을까?" 등등.

프랑스의 철학자 블레즈 파스칼Blaise Pascal은 "클레오파트라의 코가 조금만 낮았더라면 세계의 역사는 달라졌을 것이다"라는 유명한 말을 남겼다. 이것이야말로 반사실의 전형적인 예다. 아무튼 인과관계의 존재는 원인이 발생한 '사실'의 결과와, 원인이 발생하지 않은 '반사실'의 결과를 비교해 증명해야 한다는 것을 기억하도록 하자.

'반사실'은 인과 추론의 가장 중요한 개념이기에, 사례와 함께 자세히 살펴보도록 하겠다. 당신이 전국적으로 주얼리 브랜드 체인을 운영하는 회사의 홍보부장이라고 가정하자. 매출을 늘리기 위해 광고를 고민 중이었고, 다행히 멋진 배우를 섭외해 너무나 매력적인 신문 광고가 완성됐다. 광고 시기도 크리스마스 시즌에 맞춰 12월 초로 결정됐다. 당신이 계획했던 대로 광고가 나간 후, 손님이 크게 늘어 매출이 전년 동기 대비 30퍼센트 증가했다. 예약이 쇄도했고 전 매장 종업원들은 풀가동 중이다. 이 상황에 매우 고무된 당신은 사장 앞에서 틀림없이 이렇게 말할 것이다. "올해 매출은 전년 동기 대비 30퍼센트 증가했습니다. 이것은 다 (제가 기획한) 신문 광고 덕분입니다!"라고.

그러나 잠시 흥분을 가라앉히고 광고와 매출 사이에는 정말로 인과관계가 있는지 냉정히 따져보자. '광고를 냈기 때문에 매출이 오른 것(인과관계)'이 아니라, 실은 '광고를 내지 않았더라도 매출은 늘었을(상관관계)' 수 있다. 이럴 경우 광고와 매출 사이의 인과관계는 어떻게 알 수 있을까?

조금 비현실적인 상상을 해보자. 1980년대에 인기를 끌었던

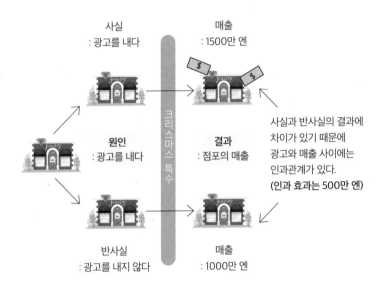

SF 영화 〈백 투 더 퓨처〉에는 과학자가 발명한 타임머신이 등장한다. 만일 우리가 이 타임머신을 타고 과거로 갈 수 있다면 '광고를 냈기 때문에 매출이 늘었다'는 가설의 인과관계를 증명해낼 수 있을 것이다.

[도표 1-8]과 함께 따라가보자. 당신의 회사는 크리스마스 특수에 맞춰 광고를 냈고 이때 매출은 1500만 엔이었다(사실의 매출). 이를 확인한 당신은 타임머신을 타고 광고를 내려는 시점까지 타임슬립해 과거의 당신이 광고를 내지 못하게 막았다. 그

랬더니 크리스마스 특수로 인한 매출은 1000만 엔에 그쳤다(반사실의 매출). 그렇다면 분명 광고 효과는 있었던 것이다. 즉 광고와 매출 사이에 인과관계가 있다고 할 수 있다. 이렇게 타임머신을 이용한다면 '만약 광고를 내지 않았더라면'이라는 반사실에 근거한 매출을 알 수 있기 때문에 광고와 매출 사이에 인과관계가 있는지 확인할 수 있을 뿐 아니라 광고 효과가 어느 정도였는지도 알 수 있다. 광고를 냈을 때의 매출 1500만 엔에서 광고를 내지 않았을 때의 매출 1000만 엔을 뺀 500만 엔이 바로 광고로 창출된 매출, 즉 광고의 '인과 효과'인 것이다.[5]

그런데 한 가지 문제가 있다. 현실에서는 사실은 관찰할 수 있지만 반사실은 관찰할 수 없다는 점이다. 〈백 투 더 퓨처〉에 나오는 타임머신은 여전히 공상 속의 산물이기 때문에 과거로 돌아가 광고를 내지 않았을 때의 매출을 아는 것은 불가능하다. 하버드 대학교의 통계학 교수 도널드 루빈Donald Rubin은 이를 '인과 추론의 근본 문제'라고 불렀다. 그러나 안타깝게도, 인과관계를 밝히기 위해서는 반드시 반사실이 있어야 한다.

---

5   '인과 효과'를 '처치 효과'라고 부르는 경우도 있다.

현실과 이론의 차이

인과 추론에 근거한 다양한 기법에서 과제는 '인과 추론의 근본 문제'를 극복하고 반사실을 만들어내는 것이다. 이 때문에 경제학자들은 어떤 값을 취할지 모르는 '반사실의 결과'를 어떻게든 타당한 값으로 채우려 한다.

다시 앞서 든 예로 돌아가보자. 당신이 다니는 주얼리 회사는 전국 4개 지역에 지점을 두고 있다. 그리고 크리스마스 특수에 맞춰 지금부터 신문 광고를 내려고 기획 중이다. 단, 예산 문제로 네 곳 중에서 지역 1과 지역 2에서 먼저 광고를 내기로 결정했다. 담당자인 당신은 광고가 매출에 미치는 인과 효과가 어느 정도일지 알고 싶을 것이다. 광고의 인과 효과란 광고를 냈을 때(사실)의 매출과, 똑같은 상황에서 광고를 내지 않았을 때(반사실)의 매출 차이를 말한다.

반사실은 현실적으로는 알 수 없지만, 만일 알 수 있다면 [도표 1-9]처럼 될 것이다. [도표 1-9]에서는 한 달 매출을 만 엔 단위로 표시하고 있다. 지역 1에서는 광고를 냈고 매출은 1300만 엔이었다. 그리고 이 지역에서 만일 광고를 내지 않았을 경우의 매출은 900만 엔이다. 이렇게 각 지역에서 광고를 냈을 때

반사실을 관찰할 수 있다면 인과 효과를 알 수 있다
　　　　　　― 가공 매출

(단위 : 만 엔)

	지역	광고 시 매출(A)	평소 매출(B)	인과 효과 (A-B)
광고 (유)	1	1300	900	400
	2	1700	1100	600
광고 (무)	3	1600	1200	400
	4	1400	800	600
	평균값	1500	1000	**500**

현실에서 반사실은 관찰할 수 없다
　　　　　　― 실제 매출

(단위 : 만 엔)

	지역	광고 시 매출(A)	평소 매출(B)	인과 효과 (A-B)
광고 (유)	1	1300	?	?
	2	1700	?	?
광고 (무)	3	?	1200	?
	4	?	800	?
	평균값	1500	1000	?

와 내지 않았을 때의 매출을 알 수 있다면, 지역별 광고의 인과 효과를 산출할 수 있다. 이 지역별 인과 효과의 평균값을 구하면 회사 전체 광고의 인과 효과를 산출할 수 있다. [도표 1-9]를 보면 회사 전체 광고의 인과 효과는 500만 엔이다.

그러나 유감스럽게도 현실 세계에서는 반사실의 매출은 알 수 없기 때문에 실제로 당신이 볼 수 있는 것은 [도표 1-10]이다. 여기서 반사실의 매출은 모두 '물음표'로 되어 있는데, 이 값은 타임머신이 없는 한 알 수 없다. 그렇다면 이 '물음표'를 타당한 값으로 채울 수는 없을까?

예를 들어 이런 방법은 어떨까? 광고를 낸 두 지역(지역 1, 지역 2)과 광고를 내지 않은 나머지 지역(지역 3, 지역 4)을 두 그룹으로 나눠서 살펴보는 것이다. '광고를 낸 그룹이 만일 광고를 내지 않았을 경우의 매출은, 광고를 내지 않은 그룹의 매출과 거의 비슷한 수준일 것이다'라는 추정은 가능하지 않을까? 만일 그것이 가능하다면 광고를 낸 그룹의 반사실을 광고를 내지 않은 그룹의 매출로 채우면 된다([도표 1-11]). 그렇게 하면 회사 전체 광고의 인과 효과는 광고를 낸 그룹의 매출 평균값(1500만 엔)에서 광고를 내지 않은 그룹의 매출 평균값(1000만 엔)을 뺀(1500만 엔-1000만 엔) 500만 엔으로 볼 수 있다.

광고를 낸 그룹의 사실 (평균 매출)	광고를 낸 그룹의 반사실 (평균 매출)
1500만 엔	?

↓

광고를 낸 그룹의 사실 (평균 매출)	광고를 낸 그룹의 반사실 (평균 매출)	광고를 내지 않은 그룹의 사실 (평균 매출)
1500만 엔	1000만 엔	1000만 엔

↑ ⎯ 채운다 ⎯

비교 가능하다는 것의 의미

그런데 이 개념에는 한 가지 조건이 있다. 광고를 낸 그룹과 광고를 내지 않은 그룹이 '비교 가능'해야 한다. 만일 광고를 낸 그룹이 주민 소득이 높은 대도시에 있고, 광고를 내지 않은 그룹은 지방 도시에 있다고 가정하자. 이 경우는 광고를 낸 그룹의 반사실의 매출을 광고를 내지 않은 그룹의 매출로 채울 수 없다.

우리는 여기서 '비교 가능'이란 말을 정확하게 이해할 필요가 있다. 이번 사례에서는 두 그룹의 인구와 평균 소득, 유행 감도 등 매출에 영향을 미칠 만한 모든 특징이 매우 비슷하고, 유일한 차이가 '광고의 유무'만일 경우 이 두 그룹은 '비교 가능하다'고 할 수 있다. 그러나 실제로 매출에 영향을 줄 만한 모든 특징이 매우 비슷한 두 그룹은 존재하지 않는다. 그렇다면 '대체로 비슷한' 두 그룹을 비교하는 것은 어떨까? 유감스럽지만 '대체로 비슷한 것'을 '비교 가능하다'고는 할 수 없다.

예를 들어 이런 경우를 생각해보자. 두 그룹은 말 그대로 대체로 비슷한 지역이지만, 광고의 유무 외에 한 가지 작은 차이가 있었다. 광고를 낸 지역 그룹과 광고를 내지 않은 지역 그룹에서 방영된 텔레비전 프로그램이 달랐던 것이다. 광고를 낸 지역에서는 여배우가 브랜드의 대표 상품을 착용하고 출연한 드라마가 방영됐고, 광고를 내지 않은 지역에서는 이 드라마가 방영되지 않았다면 이런 차이를 간과할 수는 없다. 만일 이 상태에서 광고를 낸 그룹이 광고를 내지 않은 그룹보다 매출이 증가했더라도, 그것이 광고 덕인지 아니면 드라마 덕인지 알 수 없기 때문이다. 만일 광고 효과보다 드라마 효과가 훨씬 컸다면 아마도 내년 크리스마스에 다시 광고를 내더라도 기대한 만큼의 매출은 오르지 않을 것이다.

이러한 이유에서 모든 특징이 매우 비슷한 두 그룹을 비교하는 것이 중요하지만 현실에서 그런 사례를 찾기란 거의 불가능에 가깝다. 그렇기 때문에 경제학자들은 도저히 비슷하다고 보기 어려운 두 그룹조차 '비교 가능'하도록 만들기 위해 다양한 시도를 한다. 그 방법론에 대해서는 제2장에서 상세히 설명하도록 하겠다.

상상력이 부족하면
시간과 돈을 낭비하게 된다

재차 강조하지만, 인과관계를 밝히기 위해서는 사실의 결과와 반사실의 결과를 비교할 필요가 있다. 그러나 유감스럽게도 이 사실을 아는 사람은 그리 많지 않다. 인과관계가 없음에도 마치 인과관계가 있는 것처럼 착각하는 것은 대부분 반사실을 정확히 떠올리지 못하기 때문에 생긴다.

예를 들어 자녀를 명문 대학에 합격시킨 어머니가 쓴 책에 "아이에게 텔레비전을 보여주지 않았다"고 쓰여 있다고 하자. 그러면 사람들은 별 의심 없이 '텔레비전을 보여주지 않았기 때문에 학력이 높아졌다'고 생각한다. 이와 비슷한 예로 100세 생일을 맞은 어르신이 텔레비전 인터뷰에서 "매년 꼭 건강검진을 받으러 간다"고 말하면, 사람들은 '건강검진을 받았기 때문에 장수하는 것'으로 받아들인다. 그러나 텔레비전과 학력 사이, 건강검진과 장수 사이에 인과관계가 있다는 것을 증명하기 위해서는 '그 아이가 텔레비전을 봤을 경우의 학력'과 '어르신이 매년 건강검진을 받지 않았을 경우의 수명'이라는 반사실의 결과를 찾아 비교해야 한다.

누군가의 성공 스토리에서 우리는 사실만 확인할 수 있고 반사실은 알 수 없다. 그런데도 사실만 보고 마치 인과관계가 있는 것처럼 착각해 무조건 텔레비전을 못 보게 하거나 무턱대고 건강검진을 받는다면 기대했던 목표를 달성하기는커녕 당신의 소중한 돈과 시간만 낭비하게 될지도 모른다.

인과관계를 밝히는 방법은 한 가지가 아니다. 그러나 이들 방법의 공통된 목표는 비교 가능한 그룹을 만들어 반사실을 타당한 값으로 채우는 것이며, 지금부터 설명하는 모든 방법은 이 목표를 달성하기 위한 것이라는 점을 기억하자.

여기서 잠깐 이 책의 구성과 함께 '과학적 근거(에비던스)의 단계'에 대해서도 살펴보도록 하자. '에비던스'라는 말을 들어본 적이 있을 것이다. 데이터 분석을 통해 제시된 근거를 에비던스라고 부르는 경우도 있지만, 경제학에서는 더 엄격한 의미로 사용된다. 즉, 경제학에서 에비던스는 인과관계를 시사하는 근거를 의미한다. 따라서 경제학자들은 단순한 그래프나 차트, 설문조사 결과 등은 물론, 단순히 상관관계를 보여주는 것에 불과한 분석은 에비던스라고 하지 않는다.

이 용어가 가장 널리 침투해 있는 분야는 의학이다. 의학에서는 에비던스에도 '단계'가 있으며 그 높낮이의 정도에 따라 강한 에비던스 혹은 약한 에비던스로 구분한다. 강한 에비던스는 인과관계를 정확히 증명할 수 있는 기법을 통해 도출된 것이고, 약한 에비던스는 인과관계와 상관관계를 오인할 가능성이 있는 기법으로 산출된 것을 가리킨다. [도표 1-12]는 '에비던스 피라미드'라고 하는데, 피라미드의 정점에 가까울수록 강한 에비던스다.

이 책은 에비던스 피라미드에 따라 구성했다. 제2장에서는 '랜덤화 비교 시험', 제3장에서는 '자연 실험', 제4~7장에서는 '준실험準實驗, quasi-experiment'으로 분류되는 방법, 제8장에서는 '회귀 분석'에 대해 설명한다.

이제 이 기법들을 이용해 경제학이 밝힌 놀라운 연구 성과들을 살펴보도록 하자.

에비던스
수준이 높다

**메타
분석**

복수의 랜덤화 비교 시험을 통합한
것. 가장 확실하게 인과관계를 증명할
수 있다.

**랜덤화
비교 시험**

대상이 되는 사람을 랜덤으로 실험군
과 대조군으로 나누어 인과관계를 평
가하는 방법. 인과 추론의 이상형.

**자연 실험과
준실험**

세상에 존재하는 '실험과 같은 상황'을
적절히 이용해 인과관계를 평가하는
방법.

회귀 분석

이미 데이터가 있을 때 많이 이용되는
방법. 교란 요인의 데이터가 있을 때는
그 영향을 배제할 수 있다.

에비던스
수준이 낮다

* 복수의 랜덤화 비교 시험을 종합한 메타 분석의 경우 에비던스 수준은 높지 않다. 메타 분석의 에비던스 강도는
그 근거가 된 연구의 에비던스 강도에 의해 결정된다.

[출처] 새킷 외 연구(2000)를 토대로 저자가 작성.

초콜릿 소비량이 증가하면 노벨상 수상자도 늘어난다?

최근 초콜릿에 함유된 플라보놀flavonol 성분이 인지기능을 향상시킨다는 연구 결과가 나온 바 있다. 이에 주목한 컬럼비아 대학교 프랜츠 메설리Franz Messerli 박사가 2012년 실시한 데이터 분석에 따르면, 초콜릿의 1인당 연간 소비량이 많은 나라일수록 노벨상을 수상한 사람이 많은 것으로 나타났다. 이 분석은 임상 의학계에서 가장 권위 있는 학술지 중 하나인 《뉴 잉글랜드 의학 저널The New England Journal of Medicine》에 게재되면서 커다란 반향을 일으켰다. 그는 국민 1인당 연간 400그램의 초코릿을 더 섭취하면 그 나라의 노벨상 수상자가 한 명 늘어난다고 결론지었다. 언뜻 황당무계한 주장 같지만, 권위 있는 매체에 실렸을 정도이니 나름의 신빙성이 있지 않을까?

먼저 '초콜릿의 1인당 연간 소비량'과 '노벨상 수상자 수'의 관계가 인과관계인지 상관관계인지 살펴보자. '초콜릿 소비량이 많기 때문에 노벨상 수상자가 많은 것(인과관계)'이 아니라, 단지 '노벨상 수상자가 많은 나라일수록 초콜릿 소비량이 많은 것(상관관계)'뿐일지도 모르는 일이니 말이다.

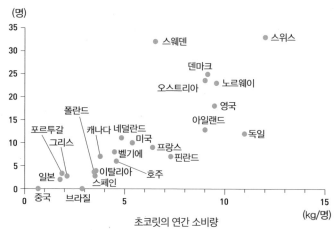

1000만 명당
노벨상 수상자 수

(명)

스웨덴 / 스위스 / 덴마크 / 오스트리아 / 노르웨이 / 영국 / 아일랜드 / 독일 / 폴란드 / 포르투갈 / 캐나다 / 네덜란드 / 그리스 / 미국 / 벨기에 / 프랑스 / 핀란드 / 일본 / 이탈리아 / 호주 / 스페인 / 중국 / 브라질

초코릿의 연간 소비량 (kg/명)

[출처] 프랜츠 H. 메설리 (2012)

논문에도 게재된 [도표 1-13]을 보면 유럽에서 인구 1인당 GDP가 높은 국가들이 그래프의 오른쪽 상단에 집중돼 있다. 초콜릿은 살아가는 데 꼭 필요한 것은 아니다. 말하자면 사치품이기 때문에 잘사는 나라일수록 섭취량이 많은 것은 어찌 보면 당연하다. 그리고 나라가 부유해지면 교육에도 투자하게 되기 때문에 노벨상 수상자를 배출할 가능성은 높아진다고 볼 수 있다. 즉, 이는 인과관계가 아니라 상관관계일 가능성이 높다. 단 이 논문은 《뉴 잉글랜드 의학 저널》에 연구 논문으로서 발표된 것

이 아니라, 개인적 견해를 밝히는 '비정기 메모'라는 코너에 실린 것임을 일러둔다.

이보다 더 최신 연구 중에는 플라보놀을 섭취한 후 뇌의 MRI 촬영과 기억 테스트를 진행한 실험도 있다. 이에 따르면, 플라보놀을 많이 섭취한 고령자는 플라보놀을 거의 섭취하지 않은 고령자에 비해 뇌 기능과 기억력이 개선된 것으로 나타났다. 초콜릿을 섭취하면 노벨상 수상자가 될 가능성이 높아진다는 주장은 과하다 하겠지만, 기억력이 좋아지는 정도의 효과는 있을지도 모르겠다.

제2장

건강검진을 받으면 오래 살 수 있다?

제대로 된 비교는 랜덤이 진리

랜덤화 비교 시험

동전 던지기나 난수표, 또는 제비뽑기 등을 이용해 연구 대상자를 랜덤으로 개입을 받는 그룹(실험군)과 그렇지 않은 그룹(대조군)으로 나눈다. 이렇게 두 그룹을 비교 가능하게 한 다음, '만약 실험군이 개입을 받지 않았다면 어떻게 됐을까?'라고 가정하는 반사실을 대조군의 결과로 채우는 방법을 말한다.

'실험'을 통해 증명하다

두 변수의 관계가 인과관계인지 상관관계인지를 밝히는 가장 확실한 방법은 '실험'이다. 이를 전문용어로 '랜덤화 비교 시험'이라고 한다.

독자 여러분은 '임상 시험'이라는 말을 들어본 적이 있을 것이다. 이는 신약의 효과와 안전성을 확인하기 위해 실시되는 테스트를 말한다. 예를 들어 실험용 쥐를 이용한 실험에서는 병에 걸린 쥐를 '랜덤하게' 두 그룹으로 나눈 다음, 투약한 쥐(실험군이라고 부른다)와 투약하지 않은 쥐(대조군이라고 부른다)를 비교한다. 만약 투약한 쥐가 치료율이 높았다면 약에 효과가 있었다고 할 수 있다([도표 2-1]).

여기서 '랜덤'이란 의미는 대상이 되는 쥐를 실험군과 대조군 중 어느 한쪽으로 분류할 때, 실험군에 배정될 확률이 모든 쥐에서 100퍼센트 동일한 방식을 이르는 것이다.

랜덤으로 두 그룹으로 나누는 방법은 여러 가지가 있다. 동전을 던져 앞면이 나오면 투약 그룹으로, 뒷면이 나오면 투약하지 않는 그룹으로 분류하는 방식, 숫자가 여기저기 흩어져 있는 난수표를 이용해 짝수와 홀수로 투약 여부를 결정하는 방법, 뽑기

랜덤으로 나눠 반사실을 만들다

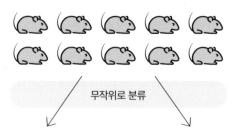

무작위로 분류

비교 가능한 두 그룹을 만들어낸다.

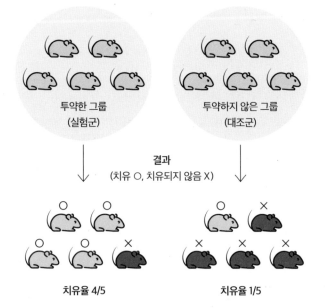

로 결정하는 방법 등이 있다. 쥐는 원래 개체 차이가 별로 없어 수를 많이 확보해 랜덤으로 나누면 개체 차이에 따른 우연에 좌우되는 일도 없다. 이렇게 투약한 쥐 그룹과 투약하지 않은 쥐 그룹은 비교 가능한 두 그룹이 된다. 즉, 랜덤화 비교 시험은 '실험군이 만약 투약하지 않았더라면'이라고 가정하는 반사실을 대조군의 데이터로 채우기 위한 실험이다.

왜 꼭 랜덤이어야 할까?

'건강검진을 받으면 장수할 수 있을까?'라는 의문의 답을 찾기 위해서는 랜덤화 비교 시험을 활용하면 된다. 이 방법에서는 연구 대상자들을 건강검진이라는 '개입'을 받는 그룹(실험군)과 받지 않는 그룹(대조군)으로 랜덤하게 나눈다. 여기서 '개입'이란 원인과 결과 중 '원인'이 되는 것(여기서는 건강검진)을 연구 대상자에게 부여하는 것을 의미한다. 그런데 왜 꼭 랜덤이어야 할까? 그냥 지금까지 건강검진을 받은 사람과 그렇지 않은 사람을 비교하면 안 될까?

왜냐하면 이 두 그룹의 비교가 가능하지 않기 때문이다. 지금까지 건강검진을 받은 적이 있는 사람은 아마도 건강에 대한 의식 수준이 높은 사람일 것이다. 반면 건강검진을 받은 적이 없는 사람은 건강에 크게 신경을 쓰지 않는 사람일 가능성이 높다.

임상 시험에 쓰이는 쥐와 달리, 사람은 의사를 가지고 스스로의 행동을 선택한다. 사람이 하는 선택의 결과로 연구 대상이 되는 두 그룹의 비교가 불가능해지는 것을, 경제학에서는 '선택 편향selection bias'이라고 부른다. 미국 속담에 "사과와 오렌지를 비교하는 것이나 다름없다"는 말이 있는데, 이는 애초부터 차이가 너무 커서 비교 자체가 무의미한 두 가지를 무리하게 비교하는 것을 비꼬는 말이다. 지금까지 건강검진을 받은 적이 있는 사람과 없는 사람을 비교하는 것이야말로 사과와 오렌지를 비교하는 것이나 다름없다.

그럼 어떻게 하면 사과끼리(혹은 오렌지끼리)의 비교, 다시 말해 지금까지 건강검진을 받은 적이 있는 사람과 그렇지 않은 사람을 비교 가능한 상태로 만들 수 있을까? 가장 확실한 방법은 건강검진을 받을지 여부를 제비뽑기 등을 통해 랜덤으로 결정하는 것이다([도표 2-2]). 랜덤으로 나누면 개인은 건강검진을 받을지 여부를 자신의 의지로 선택할 수 없게 된다. 따라서 선택 편향은 발생하지 않고, 그 결과 건강검진을 받는 그룹과 받지 않는 그룹은 비교 가능해진다.

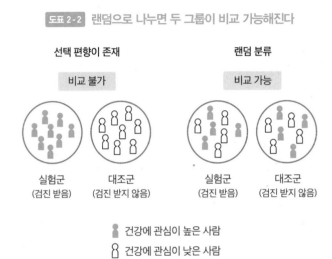

도표 2-2 랜덤으로 나누면 두 그룹이 비교 가능해진다

선택 편향이 존재   랜덤 분류

비교 불가   비교 가능

실험군   대조군   실험군   대조군
(검진 받음)   (검진 받지 않음)   (검진 받음)   (검진 받지 않음)

건강에 관심이 높은 사람
건강에 관심이 낮은 사람

'건강검진'과 '장수' 사이에 인과관계는 있을까?

　건강검진의 효과를 조사한 비교 시험의 사례로 덴마크에서
실시된 연구 결과를 소개한다. 덴마크에서도 당뇨병이나 고
혈압 같은 생활습관병에 대한 진단과 보건 지도가 이루어지
고 있다. 이 랜덤화 비교 시험에서는 30~60세 성인 남녀를 건강

검진을 받는 1만 2,000명(실험군)과 건강검진을 받지 않는 4만 8,000명(대조군)으로 랜덤하게 나눈 다음, 두 그룹을 10년에 걸쳐 추적했다.[6] 실험군 중에서 건강검진 결과 미래에 병에 걸릴 위험이 높은 것으로 판단된 사람들은 5년 동안 약 네 번의 보건 지도를 받도록 했다. 이 보건 지도를 통해 많은 사람들이 식습관과 운동, 흡연과 음주 습관을 개선한 것으로 보고되었다. 그러나 10년 후에 밝혀진 결과는 놀라웠다. 생활습관을 개선했음에도 불구하고 실험군과 대조군의 사망률의 차이는 통계적으로 유의미하지 않은 것으로 나타났기 때문이다.

통계적으로 유의미하다는 것

'실험군과 대조군의 차이가 통계적으로 유의미하지 않았다'는 말은 그 차이가 우연에 의한 오차 범위 내에서 설명할 수 있다는 의미다. 이는 바꿔 말하면 관찰된 차이가 우연의 산물일 확

---

6 본 연구에서는 대조군에 속한 사람이 실험군의 네 배였는데, 이 경우 랜덤으로 그룹이 결정되는지가 중요하지 두 그룹으로 나뉜 사람의 수가 같을 필요는 없다.

률이 5퍼센트 이하일 때 '통계적으로 유의미하다'고 하며, 두 그룹의 차이는 오차나 우연으로는 설명할 수 없는 '의미 있는 차이'라는 이야기가 된다.

한편 5퍼센트를 넘을 경우 '통계적으로 유의미하지 않다'고 하며, 두 그룹의 차이는 오차와 우연으로 설명할 수 있다([도표 2-3]). 5퍼센트라는 값은 경제학과 통계학 분야에서는 오래전부터 사용되어왔다.

도표 2-3 '통계적으로 유의미하다'란?

- 오차나 우연으로 설명할 수 없는 ⟶ 통계적으로 의미가 있다.
  차이
- 오차나 우연으로 설명할 수 있는 ⟶ 통계적으로 의미 있지 않다.
  범위 내의 차이

조금 더 직관적으로 설명해보자. 동전을 한 번 던졌을 때 앞면이 나올 확률은 50퍼센트, 뒷면이 나올 확률도 50퍼센트다. 동전을 두 번 던져 두 번 다 앞면이 나올 확률은 0.5×0.5=0.25(25퍼센트)다. 두 번 던져서 두 번 다 앞면이 나와도 많은 사람들은 우연이라고 생각할 것이다. 그럼 네 번 던져 모두 앞면이 나오면 사람들은 어떻게 생각할까? 아마 모르긴 몰라도 '속임수'라고 의심하기 시작할 것이다. 그리고 다섯 번 연속 앞면이 나오면 '이건 절대 우연이 아니다'라고 확신을 갖게 될 것이다. 네 번 연속 앞면이 나올 확률은 $0.5 \times 0.5 \times 0.5 \times 0.5 = 0.0625$(약 6퍼센트)이고, 다섯 번 연속 앞면이 나올 확률은 $0.5 \times 0.5 \times 0.5 \times 0.5 \times 0.5 = 0.03125$(약 3퍼센트)다. 통계적으로 유의미한지를 판단하는 기준이 되는 5퍼센트는 이 두 확률의 딱 중간 정도 된다. 많은 사람들이 동전을 던져서 다섯 번 연속 앞면이 나오면 이는 단순한 우연이 아니라 속임수라고 느끼는 감각을 숫자로 산출해낸 것이 바로 5퍼센트라는 값이다. 즉, '통계적으로 유의미하다'는 말은 이 두 그룹 사이의 차이가 우연일 확률이 동전을 다섯 번 던져서 모두 앞면이 나올 확률만큼 낮다는 의미다.

충분히 검증된 정책인가

덴마크에서 실시된 연구를 보면 건강검진을 받았다고 해서 반드시 장수하는 것은 아니다. 그러나 이와 같이 국가 보건 정책과 관련된 중요한 사실을 겨우 하나의 랜덤화 비교 시험 결과만 가지고 판단하는 것은 위험할 수 있다. 그런 의미에서 다른 나라에서 실시된 랜덤화 비교 시험의 결과도 살펴볼 필요가 있다.

복수의 연구를 살펴볼 때는 '메타 분석'이라는 기법을 이용한다. 메타 분석이란 복수의 연구 결과를 종합해 전체적으로 어떤 관계가 있는지 검증하는 방법이다(73쪽 참조). 특히 복수의 랜덤화 비교 시험을 종합한 메타 분석은 에비던스의 단계 중에서 가장 에비던스 수준이 높은 것으로 알려져 있다. 그러나 이 메타 분석을 이용한 연구에서도 건강검진과 장수 사이에는 인과관계가 없는 것으로 나타났다.[7]

결국 덴마크의 연구자들은 '랜덤화 비교 시험을 대규모로 실시하는 데는 비용이 들지만, 전 국민을 대상으로 효과 없는 건강검진을 실시하는 것에 비하면 훨씬 저렴하다'는 견해를 내놓았다. 효과가 있는지 없는지도 모르는 정책을 무턱대고 실시할 것이 아니라 다소 비용이 들더라도 정책에 인과 효과가 있는지 검증한 후에 전체적으로 도입할지 여부를 결정해야 한다는 말이다.

---

[7] 그렇다고 건강검진은 전혀 의미가 없다고 단정 짓는 것은 경솔한 판단이다. 장수와는 무관할지 몰라도 건강검진은 당뇨병이나 고혈압을 조기에 치료함으로써 실명이나 뇌경색 등의 합병증을 예방해 결과적으로 생활의 질을 높일 가능성이 있다.

막대한 세금이 투입된 정책의 함정

그럼에도 불구하고, 일본에서는 2008년 대사증후군 건강검진과 특정 보건 지도가 시작됐다. 이는 생활습관병의 조기 발견과 치료를 목적으로, 40세 이상 모든 건강보험 가입자에게 의무화된 건강검진이다. 이 건강검진에는 2008년부터 2014년까지 세금이 무려 1200억 엔이나 투입됐다. 이렇게 거액을 들여 도입된 제도는 과연 효과가 있었을까?

후생노동성은 이를 확인하기 위해 약 28억 엔을 들여 데이터베이스를 구축했다. 그러나 이 데이터베이스에 오류가 있어 수집한 데이터 가운데 약 20퍼센트밖에는 검증할 수 없다는 사실이 세상에 알려지면서 큰 문제가 됐다. 대사증후군 건강검진을 처음부터 전국적으로 실시할 것이 아니라, 일부 지자체에서 랜덤화 비교 시험을 실시해 효과가 있는 것으로 나타나면 그때 나머지 지자체에도 도입하는 방안을 고려했어야 했다. 랜덤화 비교 시험은 규모에 따라 다르긴 하지만, 세금 1200억 엔 가운데 겨우 몇 퍼센트의 예산만으로도 충분히 가능했을 것이다. 그렇게 했더라면 세금을 더욱 효과적으로 쓸 수 있었다. 해외의 선구적인 연구 성과를 참고하지도 않고, 그렇다고 자국의 데이터를 활용해 대사증후군 건강검진의 효과도 충분히 밝혀내지 못하는 현실이 안타까울 따름이다. 단, 일반적인 정기 검진과 달리 유방암, 대장암, 자궁경부암 등과 같이 특정 질병에 대한 검사를 실시하는 검진에는 수명을 연장하는 인과 효과가 있는 것으로 확인되고 있다.

의료비 본인 부담률, 인상해도 괜찮을까

일본에서는 최근 의료비 증대가 사회문제로 대두되고 있다. 2015년 기준, 일본이 세계에서 세 번째로 의료비 지출이 많다(GDP 대비)는 사실이 보도되기도 하였다. 의료비 폭등에 대한 위기감이 날로 고조되면서 고령자의 의료비 본인 부담률을 인상할지를 두고 논쟁이 뜨겁다. 2017년 2월 현재 70세 미만은 의료비 본인 부담률은 30퍼센트, 70~74세는 20퍼센트, 75세 이상은 10퍼센트(현역 수준의 소득자는 30퍼센트)다. 즉 고령자일수록 본인 부담률은 낮다. 고령자의 본인 부담률이 0퍼센트였던 1973~1983년과 비교하면 세대 간 차이는 줄었지만, 청년층이 느끼는 불공평함은 여전하다.

일각에서는 고령자의 본인 부담률을 인상할 경우 가벼운 증상에도 무조건 병원을 찾는 행동을 억제해 의료비를 줄일 수 있을 것으로 기대한다. 그러나 본인 부담률이 인상되면 고령자는 지출을 줄이기 위해 병원에 가는 것을 극도로 꺼리게 되고, 결국 질병의 조기 발견 및 치료 시기를 놓쳐 고령자의 건강 상태에 악영향을 줄 우려가 있다. 만일 고령자의 건강 상태에 악영향을 끼치지 않는다면 본인 부담률을 인상해 의료비를 억제하는 것이 합리적이나, 악영향을 준다면 신중하게 검토해야 할 것이다. 과연 실제로는 어떨까?

이 질문의 답을 찾은 랜덤화 비교 시험이 있다. 바로 '랜드 의료보험 실험RAND Health Insurance Experiment'이다. 하버드 대학교의 의료경제학자 조지프 뉴하우스 Joseph Newhouse가 미국을 대표하는 싱크탱크 중 하나인 랜드연구소에 근무했을 당시 실시한 연구다. 이 연구만을 위해 민간 의료보험회사가 설립됐고 연구 대상자는 무료로 의료보험에 가입할 수 있는, 현재 가치로 무려 3억 달러의 연구비를 쏟아부은 장대한 실험이다. 대상자였던 미국 여섯 개 시의 2,750가구는 본인 부담률이 다른 다음의 네 그룹으로 랜덤하게 나뉘었다.

- 그룹 ① 본인 부담률 0%　 (=대조군)
- 그룹 ② 본인 부담률 25%
- 그룹 ③ 본인 부담률 50% ⎬ (=실험군)
- 그룹 ④ 본인 부담률 95%

　　이 연구에서 실험군은 본인 부담률이 다양하게 설정된 세 개 그룹 ②~④이다. 한편 대조군은 본인 부담률이 0%인 그룹 ①로 설정했다.

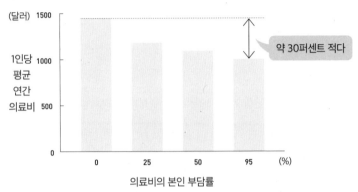

도표 2-4 본인 부담률이 낮으면 의료비가 증가한다

— 의료비의 본인 부담률별 1인당 평균 연간 의료비

약 30퍼센트 적다

[출처] 뉴하우스 외(1993).

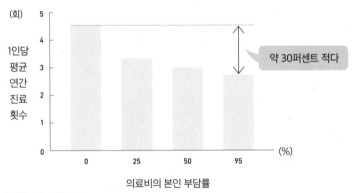

도표 2-5 본인 부담률이 낮으면 진료 횟수가 증가한다

— 의료비의 본인 부담률별 1인당 평균 진료 횟수

약 30퍼센트 적다

[출처] 뉴하우스 외(1993).

원인과 결과의 경제학

의료비와 건강 사이에는 인과관계가 없다

각 그룹은 의료비를 얼마나 사용했을까? [도표 2-4]에서 보는 바와 같이 그룹 ①(본인 부담률 0퍼센트)의 의료비가 압도적으로 높다. 특히 그룹 ④(본인 부담률 95퍼센트)와 비교하면 약 30퍼센트의 차이가 났다. 즉, 의료비의 본인 부담률이 높아지면 나라 전체에서 지불하는 의료비는 감소할 것으로 예상된다.

외래 진료 횟수는 어떨까? [도표 2-5]에서 보는 바와 같이 진료 횟수 역시 그룹 ①과 그룹 ④가 약 30퍼센트의 차이를 보였다. 즉, 의료비의 본인 부담률이 높아지면 사람들은 병원을 찾거나 입원하는 횟수를 줄이는 것으로 나타났다.

여기까지의 내용은 그리 놀라울 것도 없다. 하지만 랜드 의료보험 실험은 이에 더해 의료비의 본인 부담률과 사람들의 건강 상태 사이에 인과관계가 없다는 사실도 밝혀냈다. 고혈압증 등 30개 항목의 건강 지표에서 그룹 ①과 그룹 ②~④ 사이에 통계적으로 유의미한 차이는 보이지 않았다. 즉, 의료비의 본인 부담률이 높아져도 사람들의 건강 상태는 악화되지 않았다. 오히려 의료비의 본인 부담률 인상은 잦은 병원 출입을 막아 국가 전체의 의료비가 억제되는 것으로 나타났다.

물론 주의해야 할 점도 있다. 소득이 낮고 건강 상태가 나쁜 사람들의 경우 본인 부담률 인상이 건강 상태를 악화시키는 결과를 가져온 것이다.[8] 본인 부담률의 인상은 대체로 건강 상태에 악영향은 없지만, 빈곤층의 건강 상태에는 악영향을 미치는 것으로 보인다. 의료비의 본인 부담률 인상을 검토할 때는 빈곤층에 악영향을 주지 않도록 저소득층의 본인 부담률은 낮게 설정하는 등 탄탄한 안전망을 유지하는 시스템이 필요할 것으로 보인다.

---

8   서른 개 항목의 건강 지표 가운데 고혈압증, 시력, 치과 치료, 위독한 증상 등 네 개 항목에서 건강 상태가 나빠진다는 결과가 나왔다. '위독한 증상'이란 흉통, 출혈, 의식 소실, 호흡 곤란, 5킬로그램 이상의 체중 감소 등을 의미한다.

유리한 데이터의 취사선택을 방지하려면

인과관계를 밝히기 위한 논문 중에는 같은 주제로 쓰인 논문들이 많다. 서로 다른 연구자가 같은 데이터를 가지고 논문을 쓰는 경우도 흔하며, 다른 데이터를 이용하는 경우도 물론 있다. 이 연구들의 결과가 모두 같다면 문제는 없다. 하지만 어떤 논문에서는 '인과관계가 있다'고 결론이 나고, 또 다른 논문에서는 '인과관계가 없다'고 결론이 나기도 한다. 그러나 자신에게 유리한 논문의 결론만 옳다고 우길 수는 없을 것이다. 이런 행동을 가리켜 체리피킹 Cherry picking (과수업자들이 평판이 나빠질 것을 우려해 질 좋은 체리만 유통시키고 질 나쁜 체리는 감추는 행태에서 유래된 말 – 옮긴이)이라고 하는데, 특히 연구에서는 철저히 지양해야 하는 행동이다. 최근 인터넷을 보면 유감스럽게도 체리피킹이 심심치 않게 눈에 띄고, 이로 인해 잘못된 정보가 확산되는 경우도 적지 않다. 이럴 때 쓰는 분석 방법이 바로 '메타 분석'인데, 여기서 '메타'란 '고차원'을 의미하며, 복수의 연구 결과를 하나로 종합해 전체적으로 어떤 관계가 있는지 밝히는 기법이다.

최근 일본에서 메타 분석이 주목을 받은 사건이 있었다. 이 사건은 일본 국립암연구센터와 일본담배산업JT이 대립하면서 시작됐다. 간접흡연은 이미 전 세계적으로 간암 발생의 위험을 높이는 것이 확실한 것으로 확인되고 있다. 그래서 서구 선진국의 경우 공공시설이나 음식점과 같은 실내는 법적으로 완전히 금연 구역이다.

그런데 일본인의 데이터를 이용한 연구에서는 간접흡연과 폐암의 인과관계에 대해 아직 결론이 나지 않았다. 일본인을 대상으로 한 연구 결과는 이미 여러 번 보고됐지만, 연구 대상자 수가 적어 통계적으로 유의미한 결과를 얻을 수 없었던 것이다. 2016년, 국립암연구센터의 연구진들은 일본 내의 데이터를 이용해 실시된 아홉 개의 관찰 연구를 종합한 메타 분석 결과를 발표했다. 그 내용은 일본인도 간접흡연에 의해 폐암 발병 위험이 1.3배 상승한다는 것이었다. 이 결과를 토대로 국립암연구센터는 담배를 피우지 않는 일본인이 간접흡연으로 폐암에 걸릴 위험이 높아진다는 점이 확실히 증명됐기 때문에, 실내 흡연을 전면 금지하고 해외에서처럼 간접흡연 방지책을 실시해야 한다고 역설했다.

그러자 JT가 이에 즉각 반발하고 나섰다. 국립암연구센터의 메타 분석 결과가 발표된 당일, 사장 이름으로 다음과 같은 반박

문을 발표한 것이다.

"아홉 개의 연구는 모두 연구 시기와 조건이 다를 뿐 아니라, 아홉 개 연구 모두에서 통계학적으로 유의미하지 않다고 결론 내린 것을 종합한 것이므로, 메타 분석의 결과에 기초해 간접흡연과 폐암의 관계가 확실해졌다고 결론짓기는 어렵다."

이에 국립암연구센터의 연구진들은 즉각 반격에 나서 "간접흡연의 해를 가벼이 여기는 결론에 다다랐다"며 JT의 주장을 비판했다. 또한 당시 분석에 쓰인 아홉 개의 연구는 결론을 정해놓고 임의로 고른 것이 아니라, 일본인의 데이터를 이용한 논문 중에서 인과관계를 시사하는 모든 논문을 과학적으로 확립된 절차에 따라 종합 분석한 것이라고 강조했다. 즉 간접흡연은 JT가 언급한 '민폐나 배려의 문제'가 아닌 '과학적 근거에 기초한 건강 피해의 문제'라며, JT의 주장에 단호하게 맞선 것이다. 이 사건은 간접흡연이 폐암 발생 위험을 높인다는 인식을 제고하는 계기가 되었다.

제3장

남성 의사가
여성 의사보다
뛰어나다?

우연히 일어난 상황을
이용해볼 수 있다면

자연 실험

연구 대상자들이 법률이나 제도의 변경, 자연재해 등 '외생적 쇼크'에 의해 자연적으로 개입을 받는 그룹(실험군)과 그렇지 않은 그룹(대조군)으로 나뉜 상황을 이용, 인과관계를 검증하는 방법.

주어진 데이터로 상황을 재현하다

　랜덤화 비교 시험의 에비던스 수준은 높지만, 막상 실시하는 것은 쉽지 않다. 연구 대상이 되는 사람이나 회사 등을 인위적으로 랜덤화해 나누는 작업은 상당히 까다롭기 때문이다. 대상자의 반발이 클 수도 있고, 윤리적인 문제로 실시가 불가능한 경우도 많다.

　앞서 소개했던 예를 가지고 생각해보자. 당신이 근무하는 회사는 전국적으로 점포 100개를 운영하고 있으며, 광고가 매출에 미치는 인과 효과를 확인하려고 한다. 랜덤화 비교 시험을 하려면 100개 점포를 광고를 내는 점포(실험군)와 광고를 내지 않은 점포(대조군)를 랜덤으로 나눠서 비교해야 한다. 그러나 이는 생각처럼 쉽지 않다. 광고를 내지 않는 대조군으로 분류된 점포들이 불만을 가질 수도 있고, 속도를 중시하는 비즈니스 현장에서 일일이 랜덤화 비교 시험의 결과를 보면서 느긋하게 의사 결정을 하는 것 자체가 쉽지 않기 때문이다. 게다가 지금은 빅데이터 시대, 이미 다양한 데이터가 충분히 갖춰져 있는 경우가 많을 것이다. 이를 무시하고 '랜덤화 비교 시험 이외에는 광고 효과를 측정할 방법은 없다'고 단정하기에는 무리가 있다.

결국 랜덤화 비교 시험과 같은 인위적인 실험이 어려운 경우, 우리는 이미 존재하는 데이터를 이용해 분석하는 수밖에 없다. 랜덤화 비교 시험을 이용해 수집한 데이터를 '실험 데이터'라고 하고, 일상적인 경제 활동의 결과나 정부의 통계 조사 등을 통해 얻은 데이터를 '관찰 데이터'라고 부른다. 이를 살펴볼 때 제일 먼저 해야 할 일은 데이터 중에서 '마치 인위적인 실험이 이루어진 것 같은 상황'을 찾아내는 것이다.

이 장에서 살펴보는 '자연 실험'은 법률과 제도의 변경, 자연재해, 분쟁 등 누구도 예상할 수 없었던 변화에 의해 마치 랜덤화 비교 시험을 실시한 듯한 상황을 찾아냄으로써 두 변수의 인과관계를 밝히는 방법이다. 목표는 비교 가능한 그룹을 만들어 반사실을 타당한 값으로 채우는 것이다. 사전에 예상할 수 없었던 무엇인가(이를 경제학 용어로 '외생적 쇼크'라고 한다)에 의해 실험군과 대조군으로 자연적으로 나뉜 상황, 연구에 따라서는 제도의 변경, 자연재해 등을 이용하기도 한다.

예를 들어, 랜덤화 비교 시험이 어렵다고 판단한 당신은 100개 점포 전체를 대상으로 신문에 광고지를 끼워 넣기로 결정했다고 하자. 그런데 광고지 인쇄를 맡은 회사 중 한 곳에서 인쇄기가 고장나 일부 점포만 광고지를 배포할 수 없었다. 이때 '이 상황을 이용해 예정대로 광고지를 배포한 점포와 그렇지 않은 점포를 비교함으로써 광고가 매출에 미치는 인과관계를 밝힐 수 있지 않을까?'라는 관점으로 접근하는 것이 바로 자연 실험의 개념이다.

'의사의 성별'과 '환자의 사망률' 사이에 인과관계는 있을까?

일본 서점에 가면 '명의名醫 랭킹'과 관련된 서적이나 잡지가 꽤 많다. 이런 책들에 등장하는 '명의'의 대부분은 남성이고, 또 일반적으로 '명의'라 하면 남성 의사라는 이미지가 있는 것도 사실이다. 그런데 정말 남성 의사가 여성 의사보다 뛰어날까?

이 책의 저자 중 한 명인 쓰가와는 이 의문에 대한 연구를 실시했다. 2011~2014년에 내과 질환 때문에 미국 병원에 입원한 100만 명 이상의 환자 데이터를 분석해, 담당 의사의 성별에 따라 입원일로부터 30일 이내에 사망한 확률(30일 사망률)에 차이가 있는지 검증한 것이다. 여기서 한 가지 주의할 점이 있다. 남성 의사가 중증 환자를 선택하거나 또는 중증 환자일수록 남성 의사를 희망할 수도 있다는 점이다. 이러한 선택 편향을 해결하기 위해 쓰가와 팀은 '입원 전담 전문의'에 주목했다. 이는 외래 환자를 진료하지 않고 입원 환자만 진료하는 내과의로, 1990년 대부터 미국에서 급성장한 분야다. 현재 대부분의 큰 병원에서는 내과 입원 환자를 입원 전담 전문의가 치료하고 있으며, 일반적으로 교대 근무를 하기 때문에 근무 중에 실려 온 환자를 담당한다. 즉, 입원 전담 전문의도 환자를 고를 수 없고 환자도 자신의 담당 의사를 고를 수 없다. 이것이야말로 환자가 남성 의사와 여성 의사 중 랜덤으로 정해지는 자연 실험이라 할 수 있다.

여성 의사가 담당하면 환자의 사망률이 낮아진다

연구팀의 분석 결과에 따르면, 남성 의사보다 여성 의사가 담당한 환자의 30일 사망률이 0.4퍼센트나 낮은 것으로 나타났다([도표 3-1]). 겨우 0.4퍼센트냐고 생각할지 모르지만 이 차이는 결코 작은 것이 아니다. 사망률 0.4퍼센트의 차이는 미국이 과거 10년 동안 각고의 노력 끝에 낮춘 입원 환자 사망률의 차이와 거의 비슷한 수준이다. 새로운 약제나 의료 기기의 개발, 연구로

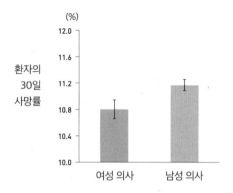

도표 3-1 의사의 성별과 환자의 사망률

(%)

환자의
30일
사망률

* 환자의 중증도, 의사의 특성 등으로 보정 후 같은 병원에서 근무하는 남성 의사와 여성 의사(이들 모두 입원 전담
전문의)를 비교했다. 막대그래프상의 세로선은 '95퍼센트 신뢰 구간'을 가리킨다. 추정치가 95퍼센트 확률로 이 구
간 내에 있다는 것을 시사한다. 이는 같은 연구를 100회 반복하는 실험에서 매회 95퍼센트 신뢰 구간을 추정했을
때, 100회 중 95회의 신뢰 구간은 참값을 포함하고 있다는 것을 의미한다.

[출처] 쓰가와 팀 연구(2017) 일부 수정.

얻은 새로운 지식, 진료 가이드라인 정비 등 다양한 방법을 통해
달성한 것으로 보이는 사망률의 저하 폭과, 남성 의사 혹은 여성
의사가 담당한 환자 사망률의 차이가 같다는 것은 가히 놀랍다
하겠다.

그렇다면 왜 여성 의사가 담당한 환자의 사망률이 더 낮을
까? 실제로 여성 의사가 진료 가이드라인에 따라 진료하는 비율

이 높고 환자와 더 밀도 있게 커뮤니케이션을 한다는 연구 결과
가 있다. 의사의 성별에 따른 진료 방법의 차이가 환자의 예후에
영향을 줄 가능성이 있다고 볼 수 있는 것이다[9]. 미국에서는 여
성 의사가 남성 의사보다 월급이 적고 승진이 늦어 사회 문제가
되고 있는데, 이 연구에 따르면 여성 의사가 오히려 질 높은 진
료를 하고 있는 것으로 나타난 셈이다.

출생 시 체중이 건강에 미치는 영향

일본에는 예부터 "작게 낳아 크게 키우라"는 말이 있다. 신생
아가 태어날 때의 체중은 최대한 적게 나가는 게 좋다는 의미다.
제왕절개 기술이 많이 발달하지 않았던 시대, 임산부가 출산하다
사망할 위험성을 낮추기 위해 생긴 말이라고 한다. 이런 오랜 통
설 때문인지는 몰라도, 일본에서는 저출생체중아(출생 체중이 2.5
킬로그램 이하)가 차지하는 비율이 다른 나라에 비해 높다([도표

---

9   이 연구는 내과의를 대상으로 한 것으로, 기타 다른 전문의에게서도 비슷한 결과를 얻을 수 있
     는지는 아직 확인되지 않았다.

3-2]). 그런데 저출생체중에 문제는 없을까? 쌍둥이의 데이터를 이용해 이 문제를 규명한 경제학 연구가 있다. 쌍둥이 중 출생 시 체중이 무거운 신생아(실험군)와 가벼운 신생아(대조군)를 비교한 연구다. 쌍둥이는 보통 체중도 같을 것이라고 생각하기 쉽지만, 엄마 배 속에서 상대적으로 영양 상태가 좋았던 태아가 체중이 많이 나가고 먼저 태어나는 것으로 알려져 있다. 쌍둥이 중 누가 먼저 태어나는지는 우연의 일치이지만, 체중이 많이 나가는 신생아와 그렇지 않은 신생아로 자연스럽게 나뉘는 상황은 자연 실험으로 볼 수 있다.

도표 3-2 각국의 저출생체중아 비율

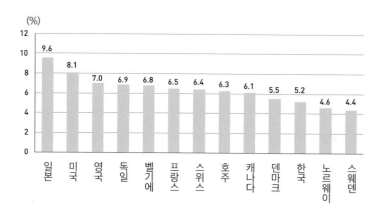

[출처] OECD 보건 통계(2016).

다음 세대를 위하여

미국, 노르웨이, 캐나다, 대만에서 쌍둥이의 데이터를 이용해 실시한 대규모 연구에 따르면, 태어날 때 체중이 무거울수록 성장한 후의 성적, 학력, 수입, 건강 상태가 좋은 것으로 나타났다. 이 책의 저자 나카무로 마키코가 일본의 쌍둥이 데이터를 이용해 실시한 연구에서도 태어날 때의 체중이 무거울수록 중학교 졸업 성적이 좋은 것으로 나타났다. 즉 작게 낳아서 크게 키우라는 말이 정작 아이들에게는 좋지 않은 조언이었던 셈이다.

최근 경제학의 연구 성과 중에는 '태아 기원설'을 지지하는 경우가 적지 않다. 태아 기원설이란 '태아기의 환경이 나중의 인생에서 결정적으로 중요하다'는 주장이다. 이는 태어날 때의 체중과 성적·학력·수입·건강 상태 사이에 인과관계가 있음을 보여주는 경제학의 연구 성과와도 모순되지 않는다. 또한 막연히 임산부에게 풍요롭고 쾌적한 생활의 중요성을 강조하는 것 이상으로, 임산부를 사회가 어떻게 보호하고 지원해야 하는지에 대해 논의하는 계기를 던져준다. '태아 기원설'에 기초해 『오리진Origins』(추수밭, 2011)이라는 베스트셀러를 쓴 작가 애니 머피 폴Annie Murphy Paul은 테드 토크TED TALKS(미국의 비영리 재단에서 운영하는 강연회 - 옮긴이)에서 다음과 같이 말했다.

"태아 기원에 대한 연구는 임산부에게 일어나는 불행한 사건이나 행동을 비난하기 위한 것이 아니라, 다음 세대인 어린이들에게 더 좋은 인생을 찾아주기 위한 것입니다."

금연을 의무화하니
심장병 환자가 줄었다?

일본 국립암연구센터가 실시한 메타 분석을 통해 간접흡연과 폐암 사이의 인과관계는 확실한 것으로 밝혀졌다. 그런데 간접흡연으로 유발되는 질환은 폐암만이 아니다. 아르헨티나의 데이터를 이용한 연구에서는 간접흡연과 심근경색 사이에도 인과관계가 있음을 시사하고 있다.

아르헨티나는 2005년에 세계보건기구WHO의 '담배규제기본협약'을 비준한 후 바로 담배 규제 강화에 들어갔다. 하지만 지방분권 체제로 행정에 있어 국가보다 주 정부의 자치권이 큰 아르헨티나는 담배 규제에 대한 대응도 주에 따라 제각각이었다.

예를 들어 아르헨티나 산타페주는 2006년 8월부터 공공장소는 전면 금연 구역으로 지정하는 엄격한 규제를 도입했다. 이를 어기고 담배를 핀 사람, 또 이를 알고도 말리지 않은 업소를 신고하는 핫라인까지 마련했다. 규제를 위반하면 흡연 당사자는 벌금을 내야 하고, 이를 묵인한 레스토랑이나 바는 벌금뿐 아니라 폐쇄조치까지 내려지는 상당히 엄격한 조치가 취해졌다.

한편 같은 시기 아르헨티나의 수도인 부에노스아이레스시는

레스토랑과 바에 환기장치를 설치하면 흡연이 가능한, 매우 약한 규제를 도입했다.

이를 자연 실험으로 본 아르헨티나 보건부 연구진들은 규제가 엄격한 산타페주(실험군)와 그렇지 않은 부에노스아이레스시(대조군)를 비교해 매우 흥미로운 결과를 내놓았다. 이 두 지역 모두 규제가 도입된 후에도 흡연율에는 변화가 없었다. 흡연

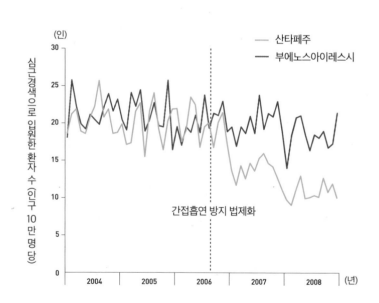

도표 3-3 공공시설 금연을 의무화하면 비흡연자가 건강해진다
— 두 지역에서 심근경색으로 입원한 환자 수

[출처] 페란테 팀 연구(2012)를 토대로 저자가 작성.

자들은 규제가 도입된 후에도 담배를 끊지 않았던 것이다. 단, 엄격한 규제를 도입한 산타페주에서는 심근경색으로 입원하는 환자가 부에노스아이레스시보다 13퍼센트나 감소했다([도표 3-3]). 이는 담배를 피우는 흡연자가 아니라 간접흡연의 피해를 입었던 사람들의 건강 상태가 개선된 결과로 볼 수 있다.

그런데 이 엄격한 규제가 산타페주의 경제에 나쁜 영향을 주지는 않았을까? 당시 산타페주의 레스토랑과 바의 경영자들을 중심으로 흡연자들이 외식을 꺼려 매출이 줄지는 않을지 우려의 목소리가 높았다고 한다. 그러나 규제가 엄격한 주와 그렇지 않은 주의 매출을 비교한 그 이후의 연구에서 통계적으로 유의미한 차이가 없는 것으로 나타났다. 미국에서도 역시 복수의 주나 도시에서 같은 규제가 도입됐는데, 레스토랑과 바의 매출뿐 아니라 호텔이나 관련 업계의 매출에도 영향을 주지 않았던 것으로 밝혀졌다.

이러한 연구를 통해 부분적인 규제로는 담배를 피우지 않는 사람들을 간접흡연의 피해로부터 충분히 지킬 수 없다는 것이 밝혀진 만큼, 더욱 엄격한 대책이 검토될 필요가 있다고 하겠다.

원인과 결과의 경제학

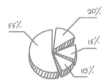

어린이집을 늘리면 여성 취업률이 올라갈까?

'트렌드'에 속지 마라

이중차분법

개입을 받는 그룹(실험군)과 그렇지 않은 그룹(대조군)의 개입 전후 결과의 차이와, 실험군과 대조군의 차이 이렇게 두 개의 차이로 효과를 추정하는 방법. 이를 위해서는 두 가지 전제조건이 성립해야 한다. 먼저 실험군과 대조군은 개입 전 결과의 '트렌드'가 같아야 한다. 즉, '트렌드'가 비교 가능해야 한다. 또 다른 하나는 개입과 같은 타이밍에 결과에 영향을 줄 만한 다른 변화가 실험군과 대조군에 별개로 발생하지 않아야 한다.

실험을 모방하다

자연 실험은 관찰 데이터와 외생적 쇼크를 이용해 '마치 랜덤화 비교 시험과 같은 상황을 찾아내는' 기법이다. 그러나 법률이나 제도의 변경, 자연재해 등과 같은 외생적 쇼크는 일상적으로 발생하는 것이 아니기 때문에, 자연 실험에 해당하는 상황을 찾기란 결코 쉬운 일이 아니다. 이럴 때 우리는 어떻게 하면 좋을까?

여기서부터는 '준실험'에 대해 살펴본다. 실험을 '모방한다'는 의미에서 준실험이라 불리는데, 즉 관찰 데이터와 통계적 기법을 이용해 마치 랜덤화 비교 시험을 실시하고 있는 것 같은 상황을 만들어내는 것이다. 이 책에서는 그러한 통계적 기법으로 다음의 네 가지를 소개한다.

- 이중차분법(제4장)
- 조작변수법(제5장)
- 회귀 불연속 설계(제6장)
- 매칭법(제7장)

제4장 어린이집을 늘리면 여성 취업률이 올라갈까?

단순 비교는 의미가 없다

당신이 다니는 회사에서는 2016년 크리스마스에는 광고를 내지 않았고 12월 매출은 1000만 엔이었다. 이듬해인 2017년 크리스마스 특수 때는 대대적으로 신문광고를 냈고, 그 달의 매출은 1400만 엔을 기록했다. 광고를 내는 데 든 비용 100만 엔을 제하더라도 2017년 12월에는 전년에 비해 매출이 300만 엔 증가했다([도표 4-1]). 그런데 이를 과연 광고 효과로 봐도 될까? 2018년 크리스마스 전에도 광고를 또 내야 할까? 숫자만 보면 2016년에는 1000만 엔이었던 매출이 2017년에 1400만 엔으로 늘었으니, 이를 광고 효과로 보고 2018년에도 광고를 내는 쪽으로 결론이 나기 쉽다. 이렇게 단순히 광고를 내기 전후의 결과를

도표 4-1 전후 비교로 광고 효과를 추정할 수 있다?

	2016년 12월	2017년 12월	차이
매출	1000만 엔	1400만 엔	400만 엔
광고의 유무	×	○	
광고 비용	0엔	100만 엔	100만 엔

300만 엔 매출 증가!

비교하는 분석 기법을 '전후 비교설계'라고 한다. 정책이나 기획의 효과에 대해 설명할 때 자주 등장하는 분석 기법이기도 하다. 그러나 이 방법으로는 광고와 매출 사이의 인과관계를 명확히 밝히기는 어렵다.

어쩌다 우연히

전후 비교설계는 왜 쓸 수 없을까? 그 이유는 두 가지다. 하나는 시간과 함께 발생하는 자연적인 변화(트렌드)의 영향을 고려할 수 없기 때문이다. 예를 들면 2017년은 2016년에 비해 경기가 좋았기 때문에 광고를 내지 않았어도 매출이 1400만 엔으로 늘었을 수 있다. 즉 광고 유무와 상관없이 발생한 '트렌드'를 마치 광고 효과로 착각할 위험성이 있다는 것이다.

두 번째는 '평균으로의 회귀'라는 가능성이다. 이는 데이터를 수집할 때 큰 값이 나온 다음에는 서서히 평소의 수준에 가까워지는 통계적인 현상을 말한다. 어쩌다 혈압을 쟀을 때 매우 높거나 또는 매우 낮게 나오지만 다시 여러 번 반복해서 측정하면 평소 혈압에 가까운 수치가 나온 경험이 있을 것이다. 달리기를 한

다음 바로 재면 혈압이 높지만 여러 번 측정하면 평균(평소의 혈압)에 가까워지는 '평균으로의 회귀'를 보게 되는 경우도 마찬가지다. 어쩌면 당신이 근무하는 회사는 2016년에 매출이 어쩌다 줄어든 것뿐일 수 있다. 그렇다면 평균으로의 회귀가 발생해 이듬해인 2017년의 매출이 증가한 듯 보인 것이라 해도 이상하지 않다. 광고 후 매출이 늘었을 때 그것이 '트렌드'나 '평균으로의 회귀' 때문이 아니라고 누가 단언할 수 있겠는가? 이런 이유 때문에 전후 비교설계를 이용해 광고의 인과 효과를 밝히기 어려운 것이다.

물론 예외도 있다

드물지만 전후 비교설계를 이용할 수 있는 예도 있다. 계속해서 [도표 4-1]을 살펴보자. 2016년과 2017년의 매출의 차이(400만 엔)가 광고의 인과 효과라고 말할 수 있기 위해서는, 2017년에 광고를 내지 않았다면 2017년의 매출은 2016년과 같아야 한다는 조건을 충족시켜야 한다. 바꿔 말하면 '2017년에 광고를 내지 않았더라면 어떻게 됐을까?'라고 가정하는 반사실을 2016년

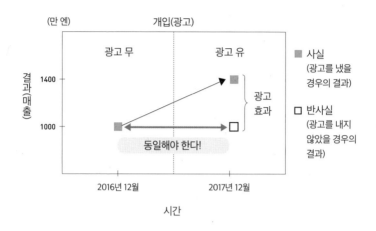

도표 4-2 전후 비교설계가 효과적인 드문 예

도표 4-3 과거의 매출 데이터를 소급해 확인해본다

시기	2014년 12월	2015년 12월	2016년 12월	2017년 12월
매출	200만 엔	600만 엔	1000만 엔	1400만 엔
광고 유무	×	×	×	○

+ 400만 엔   + 400만 엔   + 400만 엔

의 매출로 나타낼 수 있는 경우다([도표 4-2]).

그러나 광고의 유무와 상관없이 매출은 일정한 '트렌드'를 가지고 상승하거나 하락하는 경우가 많다. [도표 4-3]은 [도표

제4장 어린이집을 늘리면 여성 취업률이 올라갈까?

4-1]에서 더 과거로 거슬러 올라간 것이다. 이 표를 보면 2014년부터 2017년에 걸쳐 매출이 상승 곡선을 그리고 있다. 2014년부터 2016년 사이에 한 번도 광고를 내지 않았음에도 매년 400만 엔씩 순조롭게 매출이 증가했다. 이 경우 2016년과 2017년의 매출 차액인 400만 엔은 광고 효과가 아니라 단순한 '트렌드'가 된다.

만약 2014년부터 2016년까지의 매출을 확인하지 않았다면 2016년부터 2017년 사이의 400만 엔이라는 매출 증가를 광고 효과로 잘못 해석했을 것이다. [도표 4-4]를 보면 사실과 반사

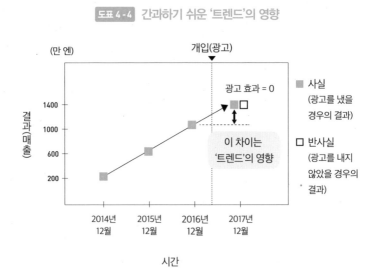

도표 4-4 간과하기 쉬운 '트렌드'의 영향

실 모두 똑같이 매출이 증가하는 '트렌드'를 보이고 있어, 광고 효과는 사실상 제로라는 것을 알 수 있다.

대조군의 차이로 효과를 추정하는 법

이러한 이유에서 전후 비교설계를 개량한 것이 바로 '이중차 분법'이다. 전후 비교설계와는 달리 이중차분법에는 반사실을 보여줄 '대조군'이 필요하다.

이중차분법을 이용하기 위해서는 먼저 실험군과 대조군 각각 에서 개입 전과 후, 두 타이밍의 데이터를 수집해야 한다. 그리 고 용어에서 알 수 있듯 두 개의 '차이' 데이터를 구한다. 첫 번

도표 4 - 5 이중차분법의 개념 (1)

	개입 전	개입 후	차이
실험군	A1	A2	A2 - A1
대조군	B1	B2	B2 - B1

두 차이{(A2-A1)-(B2-B1)}가
인과 효과

째 차이는 개입 전후의 차이다(이 '차이'는 전후 비교설계가 추정하고 있는 효과와 동일하다). 두 번째 차이는 실험군과 대조군의 차이다. 이 두 개의 차이를 가지고 개입 효과를 추정한다는 의미에서 '이중차분법'이라고 부른다.

조금 더 자세히 살펴보자. [도표 4-5]에서 보는 바와 같이 개입을 받은 그룹(실험군)의 개입 전 결과를 A1, 개입 후 결과를 A2라고 한다. 그리고 개입을 받지 않은 그룹(대조군)의 개입 전 결과를 B1, 개입 후 결과를 B2라고 한다.

실험군의 전후 비교(A2-A1)와 대조군의 전후 비교(B2-B1)의 차이인 {(A2-A1)-(B2-B1)}이 이중차분법에 의해 추정되는 개입

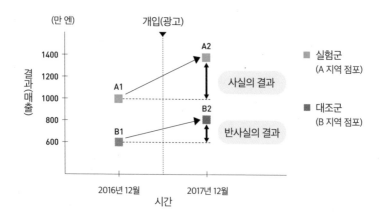

도표 4-6 이중차분법의 개념 (2)

효과다. [도표 4-6]의 A1 → A2의 선은 사실(광고를 낸 시나리오)을, B1 → B2의 선은 반사실(광고를 낸 점포가 만일 광고를 내지 않았더라면 어떻게 됐을지 가정하는 시나리오)을 나타낸다. 실험군의 전후 차이(A2-A1)에서 대조군의 전후 차이(B2-B1)를 빼면 '트렌드'의 영향을 배제하고 정확하게 인과 효과를 추정할 수 있다.

전국에 있는 점포 가운데 A 지역의 점포는 2017년에 광고를 냈고, 같은 시기 B 지역의 점포는 광고를 내지 않았다고 가정하자. 광고를 내지 않은 B 지역의 점포에서는 2016년 12월에는 600만 엔, 2017년 12월에는 800만 엔의 매출을 올려 매출 증가폭은 200만 엔이 됐다([도표4-7]).

한편 광고를 낸 A 지역 점포의 2016~2017년의 매출 증가폭은 400만 엔이었다. 이 두 지방의 매출 증가폭의 차이인, 400만 엔에서 200만 엔을 뺀 200만 엔이 바로 이중차분법에 의해 구해

도표 4-7 이중차분법으로 매출을 추정한다

	2016년 12월	2017년 12월	차이
실험군의 매출(A 지역 점포)	1000만 엔	1400만 엔	400만 엔
대조군의 매출(B 지역 점포)	600만 엔	800만 엔	200만 엔

200만 엔의 인과 효과

지는 개입의 인과 효과가 된다. 광고에 든 비용 100만 엔을 제하더라도 광고로 '200만 엔 – 100만 엔 = 100만 엔'의 추가적인 매출을 기대할 수 있다는 이야기다.

이중차분법이 성립하기 위한 조건

이중차분법이 효과적이기 위해서는 두 가지 전제조건이 성립해야 한다. 첫 번째는 실험군과 대조군에서 광고를 내기 전 매출의 트렌드가 평행해야 한다. B 지역 점포의 매출은 'A 지역 점

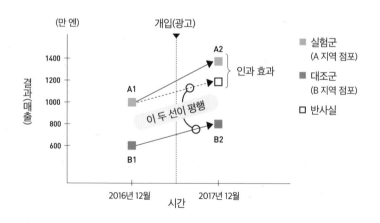

도표 4 - 8   이중차분법의 전제조건

포가 만약 광고를 내지 않았더라면 어떻게 됐을까?'라고 가정한 반사실을 보여주고 있다. 따라서 A 지역의 점포와 B 지역의 점포는 적어도 개입 전에는 '비교 가능'해야 한다. 바꿔 말하면 광고를 내기 전 매출의 '트렌드'([도표 4-8]의 기울기)가 A 지역과 B 지역 모두에서 같아야 한다.

그러나 광고를 내기 전 A지역과 B지역의 매출 '트렌드'가 같았는지는 2016년과 2017년의 데이터만 가지고는 알 수 없다. 2015년 12월 데이터가 추가된 자료를 보면([도표 4-9]), 광고를 내기 전인 2015년 12월부터 2016년 12월까지 A 지역과 B 지역의 매출 '트렌드'가 같지 않다는 것을 알 수 있다. 즉 A 지역의

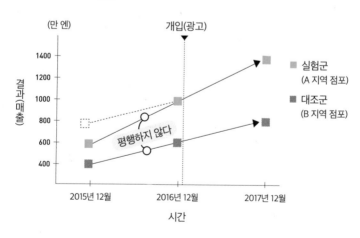

도표 4-9 과거 매출을 보고 '트렌드'를 파악한다

제4장 어린이집을 늘리면 여성 취업률이 올라갈까?

점포는 광고와 무관하게 매년 400만 엔씩 순조롭게 매출이 증가하고 있지만, B 지역의 점포는 매년 200만 엔씩밖에는 매출이 증가하지 않았다. 이 경우 '실험군과 대조군에서 광고를 내기 전 매출의 트렌드가 평행하다'는 전제조건을 충족시키지 못하므로 이중차분법을 이용하기 어렵다.

한편, [도표 4-10]의 경우는 A 지역과 B 지역에서 광고를 내기 전 매출의 '트렌드'가 같다. 두 지방 모두 매년 200만 엔씩 매출이 증가하고 있는 추세다. 이 경우 '실험군과 대조군에서 광고를 내기 전 매출의 트렌드는 평행하다'는 전제조건을 충족하기

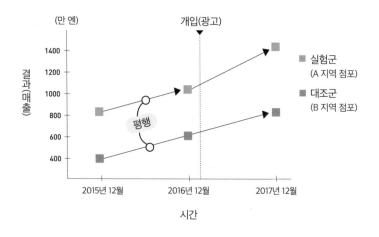

도표 4 - 10   '트렌드'가 평행해야 가능하다

때문에 이중차분법을 이용할 수 있다.

두 번째 전제조건은 개입이 있는 동안(광고를 낸 2016년 12월에서 2017년 12월 사이) 매출에 영향을 줄 만한 '다른 변화'가 발생하지 않았다는 것이다.

예를 들어 2017년 11월에 방영 중이던 드라마에서 인기 여배우가 착용한 목걸이가 히트를 쳤다고 가정하자. 그러나 이 드라마는 A 지역에서만 방영됐기 때문에 이 목걸이가 폭발적으로 팔린 것은 A 지역뿐이었다. 여기에는 문제가 있다. 이중차분법으로 추정한 200만 엔의 매출 증가가 광고 효과인지 아니면 이 드라마의 효과인지 알 수 없기 때문이다.

규제 완화가 정답일까?

2016년 일본의 어느 교육 기업에서 선정하는 신조어·유행어 대상에 "어린이집 추첨에서 떨어졌다. 일본 죽어라!"라는 말이 후보에 올랐다. 아이들이 어린이집에 들어가지 못해 일을 그만둘 수밖에 없는 어머니들의 심정을 대변한 이 말은 일본의 어린이집 대기 아동 문제가 얼마나 심각한지 여실히 보여준 것이다.

사회적으로 이 말이 큰 공감을 불러일으키며 회자되자, 정부는 어린이집에 관한 규제를 완화하는 긴급 대책을 내놓았다. 그러나 인가 어린이집을 늘리면 어린 자녀를 둔 여성의 취업이 실제로 늘지에 대해서는 신중하게 검토해봐야 한다. 왜냐하면 노르웨이, 프랑스, 미국 등에서는 인가 어린이집이 비교적 잘 정비되어 있음에도 어린 자녀를 둔 여성들의 취업은 증가하지 않은 것으로 나타났기 때문이다.

여기서도 어린이집과 어린 자녀를 둔 여성의 취업의 관계가 인과관계인지 상관관계인지 꼼꼼히 따져보자. 과연 '어린이집이 있기 때문에 어린 자녀를 둔 여성이 취업하는 것(인과관계)'일까? 아니면 '취업할 여성이 많은 지역일수록 어린이집이 많은 것(상관관계)'뿐일까?

어린이집을 늘려도 어머니의 취업률은 상승하지 않는다

이 문제에 주목한 것은 바로 도쿄 대학교의 아사이 유키코朝井友紀子, 히토쓰바시 대학교의 간바야시 료神林龍, 캐나다 맥마스

터 대학교McMaster University의 야마구치 신타로山口慎太郎 등 세 사람이다. 이들은 1990~2010년의 일본의 현(우리나라의 '도道'에 해당되는 지방 행정구역의 하나-옮긴이)별 어린이집 정원율과 어린 자녀를 둔 여성의 취업률 데이터를 가지고 이중차분법을 적용했다.[10] 첫 번째 차이는 1990~2010년의 각 광역자치단체에 거주하는 여성 취업률의 차이고, 두 번째 차이는 어린이집 정원율이 상승한 광역자치단체(실험군)와 전혀 혹은 거의 증가하지 않은 광역자치단체(대조군)의 여성 취업률 차이다. 이 두 개의 '차이'를 가지고 어린이집 정원율의 상승이 어린 자녀를 둔 여성의 취업률 상승에 주는 인과 효과를 추정한 것이다.

그 결과 연구팀은 '어린이집 정원율과 어린 자녀를 둔 여성의 취업률 사이에는 인과관계를 찾을 수 없다'는, 다소 놀랄 만한 분석을 내놓았다. 그 이유로 인가 어린이집이 사적 보육 서비스(조부모나 베이비시터, 혹은 비인가 어린이집 등)를 대체하는 수준에 머물렀을 가능성이 지적됐다. 처음부터 취업 의사가 강했던 여성들은 이런 사적 보육 서비스를 이용해 직장생활을 계속하고 있었다. 그러다 보니 정부의 인가 어린이집 정원 증가 조치는 이

---

10 어린이집 정원은 인가 어린이집 정원을 0~5세 어린이 인구로 나눠 구한다.

미 직장생활을 하고 있던 여성들이 사적 보육 서비스에서 공적 보육 서비스로 갈아타는 데 일조했을 뿐, 그때까지 취업하지 않았던 여성들의 취업에는 도움이 되지 못했던 것이다.

가장 대체 관계가 강했던 것은 아마도 조부모에게 육아를 맡겼던 경우일 것이다. 일본의 후생노동성 통계(2003년)에 따르면 3세 유아의 '평소 보육자'(복수 응답 가능)는 어린이집의 보육 교사가 27퍼센트인데 반해 조부모는 38퍼센트나 차지했고, 그중에서도 특히 외조부모의 비율이 높았다. 연구팀은 인가 어린이집의 정비와 어린 자녀를 둔 여성의 취업 사이에 인과 효과가 존재하지 않더라도, 어린이집이 전문적인 지식과 기능을 갖춘 보육 교사 등의 집단이라는 점을 고려하면, 어린이의 발달과 건강에 좋은 영향을 미칠 가능성은 있다고 덧붙였다.

실제로, 과거 경제학 연구 중에는 질 높은 유아교육의 투자가 큰 보상을 가져온다는 점을 밝힌 사례가 많다. 그런 의미에서 야마구치 교수도 지적한 바와 같이, 어린이집의 정비는 자녀를 둔 여성의 취업을 위해서라기보다는 아이들의 더 나은 미래를 위한 것으로 보는 것이 타당할 것이다.

'최저임금'과 '고용' 사이에 인과관계는 있을까?

고용자가 노동자에게 지불해야 하는 임금의 최저 수준을 '최저임금'이라고 한다. 일본에서는 광역자치단체별로 최저임금이 다르다. 예를 들어 2016년 10월 기준 최저임금은 도쿄는 시간당 932엔, 오키나와현은 714엔이다.

아베 정권의 성장 전략에서도 정부 주도의 최저임금 인상에 대한 언급이 있는데, 이를 환영하는 목소리도 있지만 고용에 미칠 악영향을 우려하는 목소리도 여전히 높다. 만약 기업이 최저임금 상승에 따른 비용 부담을 구조조정으로 상쇄하려 한다면 최저임금 상승은 고용 감소를 초래하게 될 것이다. 실제로 1970년대 미국에서는 최저임금 상승으로 젊은이들의 고용이 감소한 바 있다.

그러나 최저임금과 고용 사이에 인과관계가 있다고 단정하는 것은 아직 이르다. 최저임금 인상은 종종 경기가 악화됐을 때 취해지는 정책으로, 임금을 올려 개인 소비를 진작시키는 것이 그 목적이다. 이 경우 '경기 악화'는 최저임금과 고용 모두에 영향을 미치는 교란 요인이 돼, '최저임금이 상승했기 때문에 고용이 감소했는지(인과관계)', '경기 악화로 고용이 저하돼 최저임금이 인상된 것(상관관계)'뿐인지 알 수 없다.

이 문제에 주목한 것은 바로 캘리포니아 대학교 버클리 캠퍼스의 데이비드 카드David Card 교수와 프린스턴 대학교의 앨런 B. 크루거Alan Bennett Krueger 교수다. 그들은 뉴저지주와 펜실베이니아주의 경계를 사이에 두고 서로 이웃한 군에 주목했다. 미국에서는 최저임금이 주별로 결정되는데, 1992년에 뉴저지주만 최저임금을 4.25달러에서 5.05달러로 올리고, 펜실베이니아주에서는 동결되는 일이 발생했다. 이 연구에서는 첫 번째 차이로 1992년을 전후해 이 두 주의 고용율의 차이를 취했고, 두 번째 차이로 뉴저지주(실험군)과 펜실베이니아주(대조군)의 고용율의 차이를 취했다. 이 두 개의 '차이'를 취해 최저임금의 상승이 고용에 미치는 인과 효과를 추정했다.

연구 분석 결과, 최저임금의 상승은 고용을 감소시키지 않는다는 것으로 드러났다.[11] 단, 최저임금의 상승은 뉴저지주의 물가 상승을 초래하였는데, 결국 기업들은 최저임금 상승에 따른

---

11 이 연구 논문에는 캘리포니아 대학교 어바인 캠퍼스의 데이비드 뉴마크(David Neumark) 교수 팀이 반론한 내용이 실려 있다. 그리고 지금도 여전히 다양한 연구가 진행되고 있고 최종 결론은 나오지 않았다. 특히 여기서 소개한 논문의 결론이 국내에도 적용되는지에 대해서는 신중한 논의가 필요하다.

비용 부담을 구조조정이 아니라 가격에 반영해 타개해 나가려고 한 것이다. 매사추세츠 대학교 애머스트 캠퍼스의 아린드라지트 두베Arindrajit Dube 교수팀이 뉴저지주와 펜실베이니아주의 사례를 미국 전역으로 확장한 논문에서도 최저임금이 고용에 미치는 인과 효과는 확인할 수 없고, 최저임금의 완만한 상승이 고용에 미치는 악영향은 한정적이라는 견해를 내놓았다.

"일찍 자지 않으면 도깨비가 나온다"는 말은 교육적으로 옳을까?

미국에는 '스케어드 스트레이트Scared Straight'라는 교육법이 있다. 아이들에게 두려움을 느끼게 해, 왜 올바른 행동을 해야 하는지를 가르치는 방법이다. 교통사고 현장을 재현해 교통 법규의 중요성을 깨닫게 하거나, 비행 청소년에게 교도소 견학을 시킴으로써 갱생을 유도하기도 한다. 옛날 우리 부모님들도 "일찍 자지 않으면 도깨비가 나온다!"며 아이들을 억지로 일찍 재우던 것 역시 그 비슷한 방법의 하나가 아니었나 싶다.

그런데 이 교육법이 미국에서 특히 유명해진 데는 이유가 있다. 1970년대에 한 텔레비전 프로그램에서 이 교육법을 체험한 청년 그룹이 더 이상 범죄에 연루되지 않았다고 보도했기 때문이다. 이 방송 이후 많은 사람들이 '스케어드 스트레이트'에는 젊은이들의 범죄 억지 효과가 있는 것으로 인식하게 됐다.

그러나 이는 단순 개입의 전후 비교로, 전후 비교설계를 안이하게 이용해 잘못된 결론에 이른 전형적인 예다. 청년 그룹이 어른이 되고 보니 예전에 했던 비행이 스스로 한심하게 느껴졌을 수도 있고, 텔레비전 프로그램 때문에 모였던 대상자들이 유난히 비행이 심한 젊은이들이어서 '평균으로의 회귀'(97쪽)가 있었을 수도 있다.

이후, 연구자들이 이 '스케어드 스트레이트' 교육을 받은 젊은이(실험군)와 그렇지 않은 젊은이(대조군)를 랜덤으로 나눠 비교한 결과는 놀라웠다. 이 교육을 받은 젊은이들이 그렇지 않은 젊은이보다 이후의 인생에서 범죄에 연루될 확률이 높았다는 것이다. 이 프로그램은 언뜻 효과가 있어 보이지만 젊은이들을 갱생시키는 힘이 없었을 뿐 아니라 오히려 그들을 범죄자로 만들 확률을 높이고 있었다는 이야기다.

안이하게 전후 비교설계를 이용해 정책을 평가하면, '스케어드 스트레이트'처럼 기대한 결과를 얻지 못할 뿐 아니라, 오히려 사회적으로 해악을 끼칠 가능성이 있는 정책을 높이 평가하는 우를 범할 수 있다. 일본에서도 '유토리 교육(2002년부터 본격 도입된 교육 방침으로 '여유 있는 교육'이란 뜻 – 옮긴이)'처럼 갑자기 전국적으로 시행했다가 마치 유행이 사라지듯 폐지되고, 이후에는 전후 비교설계에 기초한 평가밖에는 이루어지지 않은 정책이 수없이 많다. 인과관계를 검증하지 않고 언뜻 효과 있어 보이는 정책을 무턱대고 실시한다면 국민들에게 큰 위험 부담을 안기게 된다는 점을 결코 잊어서는 안 될 것이다.

제5장

텔레비전을 많이 보면 아이들 머리가 나빠진다?

제3의 변수를 이용하라

조작 변수법

'원인에 영향을 주는 것을 통해서만 결과에 영향을 주는 조작 변수'를
이용해 개입을 받는 그룹(실험군)과 그렇지 않은 그룹(대조군)을 비교
가능한 상태로 만드는 방법. 이 방법이 효과적이기 위해서는 두 전제조
건이 성립해야 한다. 먼저 조작 변수는 원인에는 영향을 미치지만 결과
에는 직접 영향을 주지 않아야 하며, 또한 조작 변수와 결과 모두에 영
향을 줄 만한 제4의 변수가 존재하지 않아야 한다는 점이 그것이다.

'이벤트'를 이용한다

당신은 매출에 광고의 인과 효과가 있는지 알아보기 위해 부하 직원에게 조사를 지시했다. 그런데 유감스럽게도 광고를 낸 점포와 그렇지 않은 점포를 비교 가능한 두 그룹으로 나누는 것이 쉽지 않았다. 왜냐하면 광고는 각 점장의 재량에 맡겨진 부분이 커서 광고를 내는 점포와 그렇지 않은 점포 사이에는 점장의 의욕이라는 측면에서 큰 차이를 보이기 때문이다. 이런 상황에서는 광고와 매출 사이에 인과관계가 존재하지 않지만, '점장의 의욕'이라는 교란 요인 때문에 '거짓 상관'이 발생했을 가능성이 있다.

매출 데이터를 보면서 고민하다가, 문득 머리를 스치는 것이 있었다. 몇년 전 한 지역 신문사가 다소 뜬금없는 시기에 광고료 할인 이벤트를 실시했던 것이다. 광고료가 내려가면 그 지방에 있는 점포들이 광고를 낼 가능성은 비약적으로 높아진다. 그때의 기억이 떠오른 당신은 '이 신문사의 광고료 할인 이벤트를 이용해 광고의 매출에 대한 인과 효과를 밝힐 수는 없을까?'라고 생각했다.

이것이 조작 변수법의 기본적인 개념이다. 조작 변수란 '결과에는 직접 영향을 주지 않지만 원인에 영향을 줌으로써 간접적으로 결과에 영향을 주는 제3의 변수'를 가리킨다. 광고의 예를 가지고 설명하면 매출에는 직접 영향을 주지 않지만, 광고를 낼지의 여부에는 영향을 줌으로써 간접적으로 매출에 영향을 끼치는 변수다. 신문사의 광고료 할인 이벤트는 점장의 의욕과는 무관하며, 매출에는 직접 영향을 끼치지 않는다. 그러나 광고를 낼지의 여부에 대한 의사 결정에는 개입하기 때문에 매출에 간접적으로 영향을 주는 셈이다. 그럼 왜 조작 변수를 이용하면 광고와 매출의 인과관계를 알 수 있을까?

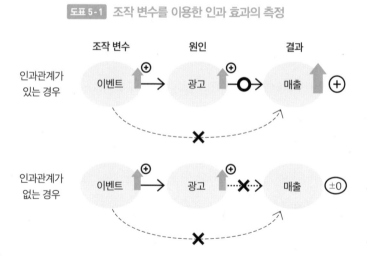

도표 5-1 조작 변수를 이용한 인과 효과의 측정

[도표 5-1]을 살펴보자. 광고료 할인 이벤트를 하면 광고를 내는 점포는 증가할 것이다. 그러나 이 이벤트는 매출에는 직접 영향을 주지 않는다. 광고와 매출 사이에 인과관계가 있다면, 이벤트로 광고를 내는 점포가 늘어 그 결과 매출도 증가할 것이다. 반대로 인과관계가 없다면, 이벤트로 광고를 내는 점포가 늘어도 매출은 증가하지 않을 것이다.

조작 변수법이 성립하기 위한 두 가지 전제조건

조작 변수는 다음의 두 가지 조건을 충족해야 한다. 첫째, 조작 변수는 원인에 영향을 주지만 결과에는 직접 영향을 주지 않아야 한다. [도표 5-2]를 보자. 여기서 화살표는 인과관계가 있다는 것을 의미하며, 그 시작점이 원인이고 도착점은 결과다. 또한 여기서 조작 변수가 성립하기 위해서는 '조작 변수 → 원인'은 성립하지만, '조작 변수 → 결과'는 성립하지 않는다는 조건을 충족시켜야 한다. 즉 [도표 5-3]과 같이 조작 변수와 결과 모두에 영향을 줄 만한 '제4의 변수'가 존재해서는 안 된다는 것이다.

조작 변수의 조건 (1)

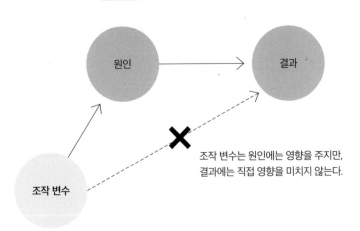

조작 변수는 원인에는 영향을 주지만,
결과에는 직접 영향을 미치지 않는다.

조작 변수의 조건 (2)

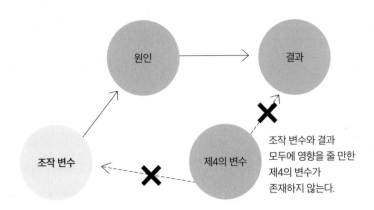

조작 변수와 결과
모두에 영향을 줄 만한
제4의 변수가
존재하지 않는다.

'텔레비전 시청'과 '성적'은 무슨 관계?

아이들이 텔레비전을 너무 많이 본다며 걱정하는 부모들이 많다. 후생노동성 통계에 따르면 일본 초등학교 6학년 어린이들은 평일에 약 2.2시간, 휴일에는 약 2.4시간 텔레비전 앞에서 시간을 보낸다고 하니, 부모가 걱정하는 것도 무리는 아니다. '바보상자'라는 말처럼, 텔레비전이 아이들의 발달과 건강, 그리고 학력 등에 나쁜 영향을 줄 거라 믿는 사람들은 꽤 많을 것이다.

그러나 정말 텔레비전을 보면 아이들의 성적이 낮아질까? 여기서도 텔레비전 시청과 아이의 성적 관계가 인과관계인지 상관관계인지 꼼꼼히 따져봐야 한다. '텔레비전을 보기 때문에 성적이 떨어지는 것(인과관계)'일까? 아니면 '성적이 낮은 아이일수록 텔레비전을 자주 보는 것(상관관계)'뿐일까? 이 질문에 주목한 것이 바로 스탠퍼드 대학교의 매슈 겐츠코Matthew Gentzkow 교수팀이다.

겐츠코 교수는 전파 장애를 이유로 1948년부터 1952년까지 4년 동안 텔레비전 방송의 신규 면허가 동결됐던 역사적인 사건에 주목했다. 미국에서는 1940~1950년대 중반에 걸쳐 텔레비전의 활발한 보급이 이루어지고, 텔레비전을 시청하는 가구가 증가했다. 그러나 텔레비전 방송의 신규 면허가 동결됐던 1948년 당시 텔레비전 방송국이 아직 하나도 개국되지 않았던 지역에 살던 사람들은 1952년 다시 신규 면허 동결이 풀릴 때까지 텔레비전을 볼 수 없었다. 즉, 신규 면허 동결 조치로 1948년 이전부터 텔레비전을 볼 수 있었던 가구(실험군)와 1952년 이후에야 텔레비전을 볼 수 있었던 가구(대조군)가 생겨나게 된 것이다. 연구팀에 따르면 텔레비전이 보급되기 시작했던 이 시기에 텔레비전을 보유한 가구의 아이들은 하루 평균 3시간 반 동안 텔레비전 앞에서 시간을 보냈다고 한다.

겐츠코 교수는 텔레비전 시청의 조작 변수로 '1948~1952년 사이 집에 텔레비전이 있었는지 여부'를 이용했다. 이 시기 텔레비전을 보유했다는 것은 1948년 이전에 방송 면허를 취득한 텔레비전 방송국이 이미 방송을 시작한 지역에 살았을 가능성이 매우 높다. 즉 이 사례의 경우 방송 면허에 관한 규제는 확실히 텔레비전 시청 시간에는 영향을 줘도 아이들의 학력에는 직접 영향을 주지 않는 것으로 볼 수 있기 때문에, 조작 변수로 타당하다고 할 수 있다.

텔레비전을 보면 성적이 오를 수도 있다!

겐츠코 교수팀이 내놓은 분석 결과는 놀라웠다. 1940~1950년 대 전반에 걸쳐 유소년기에 텔레비전을 본 어린이들은 초등학교에 입학한 후 학력 테스트의 표준점수가 0.02 높았다. 게다가 숙제에 들이는 시간이나 진학 희망 등에서도 악영향은 보이지 않았다. 특히 영어가 모국어가 아니거나 어머니의 학력이 낮거나 백인이 아닌 다른 인종의 아이들에게 텔레비전 시청은 성적을 올리는 효과가 컸던 것으로 나타났다. 겐츠코 교수팀은 아이들에게 텔레비전 보여주기를 꺼려하는 보호자들이 많은 이유는 아이들이 텔레비전을 보고 있으면 수동적이 돼 미술이나 스포츠 등 다른 활동을 할 기회를 놓칠까 우려하기 때문으로 보고 있다. 실제로, 경제적으로 풍족해서 다른 활동의 선택지가 많은 가정에서는 텔레비전 시청이 부정적으로 작용하기도 하는 것으로 나타났다. 이는 정책 입안자나 교육 관계자들이 근거 없이 텔레비전의 부정적인 효과를 주장해서도 안 되며, 이런 정보를 들은 학부모 역시 무턱대고 믿어서는 안 된다는 점을 시사한다.

어머니의 학력이 높으면
아이의 건강 상태가 좋을까?

조작 변수를 이용한 연구를 하나 더 소개하도록 하겠다. 컬럼비아 대학교의 재닛 커리Janet Currie 교수는 유소년기 어린이의 건강 상태가 어른이 된 이후의 학력이나 소득에 커다란 영향을 미친다는 사실을, 수많은 연구를 통해 밝혀온 경제학자다. 그녀가 다음으로 밝히고자 한 것은 바로 유소년기 어린이의 건강 상태는 무엇에 의해 결정되느냐 하는 것이었다. 커리 교수는 '어머니의 학력이 높으면 아이들의 건강 상태에 좋은 영향이 있지 않을까?' 하는 생각에서 출발, 200만 명 이상의 데이터를 이용해 연구를 진행했다. 과연 어머니의 학력이 높으면 아이의 건강 상태는 좋을까?

여기서도 어머니의 학력과 아이의 건강의 관계가 인과관계인지 상관관계인지 확인할 필요가 있다. '어머니의 학력이 높기 때문에 아이가 건강해지는 것(인과관계)'일까? 아니면 '학력이 높아질 만한 어머니의 아이가 건강해지는 것(상관관계)'뿐일까? 커리 교수팀은 '17세 당시 살았던 집에서 대학교까지의 거리'를 조작 변수로 이용했다. 그 나이 때 살았던 집 근처에 대학교가 있었는지는 통학과 하숙 비용과도 연관이 있기 때문에 대학에 진학할지에 대한 의사 결정에 영향을 미친다고 볼 것이다.

실제로 커리 교수팀이 이용한 데이터에 따르면, 17세 때 살았던 집 근처에 대학교가 하나 증가할 때마다 그 지역 여성의 대학 진학률은 19퍼센트나 증가했다고 한다. '17세 당시 살았던 집에서 대학교까지의 거리'는 이후 태어난 아이들의 건강에는 직접 영향을 주지 않기 때문에 조작 변수로서 타당하다 할 수 있다.

교육은 투자다

커리 교수팀의 분석에 따르면 대졸 이상의 고학력자 어머니의 아이는 조산이나 저출생체중으로 태어날 확률이 낮고 태어났을 때의 건강 상태가 양호했다. 그 이유는 대졸 이상의 고학력자 어머니의 경우 임신 중에 흡연할 확률이 낮고 정기검진을 받을 확률이 높기 때문인 것은 나타났다. 즉, 대학에 진학해 아이들의 건강 상태가 좋아지는 데 도움이 되는 습관을 가졌다고 볼 수 있다.

커리 교수팀의 연구는 교육이 주는 혜택에 대해 생각할 기회

를 던져준다. 시카고 대학교의 마이클 그린스턴 Michael Greenstone
교수팀의 연구에 따르면 주식이나 채권 등에 대한 금융 투자를
통해 얻을 수 있는 평균적인 이윤은 대학 진학에 대한 투자로 얻
을 수 있는 이윤에 크게 못 미친다고 한다. 즉 우리 자신이 고도
의 교육을 받는 것보다 유리한 투자처를 찾기란 결코 쉽지 않다
는 뜻이다.

교육은 받은 본인뿐 아니라 다음 세대의 자녀에게도 그 혜택
이 있다. 이는 사회에서 가장 수익률이 좋은 투자 중 하나라 해
도 과언이 아닐 것이다.

COLUMN 5

여성 임원을 늘리면
기업은 성장할까?

아베 정부는 2016년 성장 전략의 하나로 여성 관리직 비율의 수치 목표를 정한 '여성활약추진법'을 통과시켰다. 이로 인해 기업과 지자체가 여성 관리직 비율의 수치 목표를 담은 행동 계획을 수립해 발표하는 것이 의무화되었다. 한 통계를 보면 여성 임원 수가 많은 기업은 실적이 좋은 것처럼 보이는데([도표 5-4]), 이것이 인과관계인지 상관관계인지는 신중하게 살펴볼 필요가 있다.

한편 노르웨이에서는 '2008년까지 여성 임원 비율이 40퍼센트가 되지 않는 기업은 해산시킨다'는 충격적인 내용의 법률이 의회를 통과했다. 서던캘리포니아 대학교의 케네스 어헌Kenneth R. Ahern 팀은 이 상황을 이용해 여성 임원 비율과 기업 가치 사이에 인과관계가 있는지 검증하려 했다.[12] [도표 5-5]에서 보는 바와 같이, 이 법률이 시행된 2003년 노르웨이 상장 기업의 여성 임원 비율은 10퍼센트에 미치지 못했을 뿐 아니라 기업에 따라 편차도 상당히 컸다.

---

12 어헌 팀은 기업 가치를 나타내는 변수로 '토빈의 Q(Tobin's Q)'를 이용했다. 이는 부채의 시가 총액과 주가의 시가 총액 합계를 자산의 시가 총액으로 나눠 구하는 값이다.

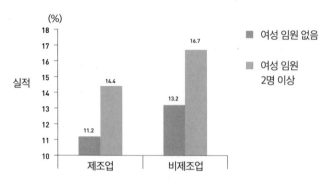

도표 5-4 여성 임원이 많으면 기업의 수익성이 오른다?

* 기업의 실적은 경상 ROE(자기자본이익률, Return On Equity)로 평가하고 있다. 이는 기업의 수익성을 나타내는 지표로, 경상이익을 자기자본으로 나눠 구한다.

[출처] 닛코 파이낸셜 인텔리전스 《2014년도 산업경제연구 위탁사업(기업의 여성 활용 및 활약 촉진 상황에 관한 조사) 보고서》.

도표 5-5 노르웨이 기업의 여성 임원 비율

[출처] 케네스 어헌 팀 연구(2012)를 토대로 저자가 작성.

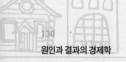

이런 상황을 인지한 어헌 팀은 '법률이 시행되기 전 각 기업의 여성 임원 비율'을 조작 변수로 이용했다. 법률 시행 전부터 이미 여성 임원 비율이 높았던 기업은 법률 시행 후 큰 어려움 없이 그 비율을 40퍼센트까지 올릴 수 있었을 것이기에, 2003~2008년 사이 여성 임원을 크게 늘리지 않아도 되었을 것이다. 반면 법률 시행 전에 여성 임원 비율이 낮았던 기업은 이 기간 동안 여성 임원을 크게 늘렸을 것이다.

이처럼 '법률이 시행되기 전 여성 임원 비율'은 2003~2008년 사이 각 기업의 여성 임원 증가율에 영향을 미쳤을 것으로 예상 가능하다. 그러나 그것이 현재의 기업 가치에 직접 영향을 줄 것이라고는 보기 어렵기 때문에 조작 변수로서 타당하다 할 수 있다.

어헌 팀이 내놓은 결과는 놀라웠다. 여성 임원 비율의 상승은 오히려 기업 가치 평가 점수를 떨어뜨리는 결과를 가져왔던 것이다. 구체적으로는 여성 임원을 10퍼센트 증가시키면 기업 가치는 12.4퍼센트 저하되는 것으로 밝혀졌다. 요컨대 여성 임원 비율의 수치 목표 설정은 기업 가치를 크게 떨어뜨리고 그 비용 부담을 주주에게 떠넘기게 될 가능성이 있다는 이야기다. 그런데 그 이유를 자세히 들여다보니, 이 기간에 새로 이사로 취임한 여성들은 기존 임원들보다 나이가 어리고 경험이 부족했을 뿐 아니라 다른 업종에서 영입한 사람들이 많았다. 그뿐만이 아니었다. 이들 신임 여성 임원들은 기존 이사의 아내나 딸 등 가족 관계인 경우가 많았다. 정부가 여성 임원 비율의 목표 수치를 내걸자 노르웨이 대다수의 기업들은 경영자로서의 자질이 다소 부족하더라도 일단 여성을 무리하게 이사로 앉혀 급한 불을 끄려했던 것이다. 이것이 기업 가치를 저하시킨 것으로 보인다.

혹시 오해가 있을지 몰라 밝혀두지만, 나는 기업의 여성 관리직 비율의 인상에 반대하는 것이 아니다. 공평하고 다양한 사회는 환영받아 마땅하다. 노르웨이가 여성 임원 비율의 목표치를 설정한 것 역시 양성 기회 균등의 정신을 존중해 더 공평한 사회를 만들기 위함이었다. 그러나 여성 인력을 활용해 기업의 가치를 높이겠다는 생각만으로 여성 관리직 비율의 수치 목표를 정해놓고 무조건 그 수를 늘리기만 한다면 오히려 역효과가 날 수 있다.

이는 우리에게도 좋은 교훈이 될 것이다.[13] 단순히 수치를 목

---

13 경제학 분야에서는 여성과 외국인처럼 겉모습으로 판별이 가능한 '인구통계학적 인재 다양성'과, 실제 업무에 필요한 능력과 경험과 같은 '직능형 인재 다양성'을 구분하는데, 다수의 연구를 종합한 메타 분석에 따르면 기업의 가치를 높이기 위해 중요한 것은 후자라고 한다.

표로 내걸 것이 아니라, 근무 형태의 유연성을 높이고 남녀 차별 없는 공평한 평가 및 보수 제도를 구축함으로써 여성 관리직이 자연적으로 늘어나는 환경을 만드는 것이 중요하다는 이야기다.

제6장

공부 잘하는 친구와 사귀면 성적이 오를까?

갑자기 튀어나온 '점프'에 주목하라

회귀 불연속 설계

회귀 불연속 설계란 자의적으로 결정된 컷오프 값을 중심으로 실험군과 대조군으로 갈리는 상황을 이용해 인과 효과를 추정하는 방법이다. 이 기법이 성립하기 위한 전제조건은 컷오프 값 주변에서 결과에 영향을 줄 만한 다른 이벤트가 발생하지 않아야 한다는 것이다.

49명과 50명의 차이

다시 예시를 생각해보자. 당신은 여전히 광고 효과 때문에 골머리를 앓고 있다. 그러던 차에 부하 직원이 이런 제안을 했다. 종업수가 50명 이상인 대형 점포에 한해 연말에 크리스마스 특수를 노린 광고를 내는 것은 어떠냐는 제안이다. 이 말을 들은 당신은 '종업원 수가 49명인 점포는 광고를 내지 않고 50명인 점포는 광고를 내게 된다는 소리인데, 종업원이 49명인 점포와 50명인 점포는 광고의 유무를 제외하고는 별반 다를 것이 없다'는 생각이 들었다. 그렇다면 종업원이 49명인 점포와 50명인 점포의 매출 비교를 통해 광고의 매출에 대한 인과 효과를 밝힐 수 있지 않을까?

실제로 '회귀 불연속 설계'를 이용하면 가능하다. [도표 6-1]은 종업원 수와 점포별 매출의 관계를 그래프화한 것이다. 당연히 종업원 수가 많은 점포일수록 매출이 높은 경향이 있다. 부하 직원의 제안대로 하면 종업원 수가 50명 이상인 점포에 한해 크리스마스 시즌에 맞춘 광고를 내게 된다.

이때 '종업원 수 50명 이상'이라는 조건은 특별한 이유 없이 정해진 자의적인 값이다. 이 50명이라는 컷오프 값을 전후

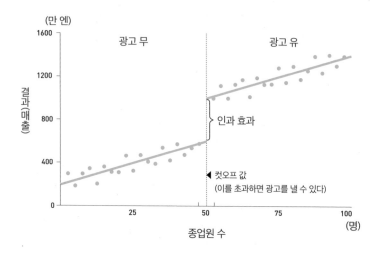

(만 엔)

1600

1200

결
과
(
매
출
)

800

400

0

광고 무

광고 유

}인과 효과

◀ 컷오프 값
(이를 초과하면 광고를 낼 수 있다)

25   50   75   100

종업원 수   (명)

한 점포의 매출은 크게 다르지 않을 것이다. 즉, 종업원이 50명 정도 되어 광고를 낼 수 있는 점포(실험군)와 종업원이 아슬아슬하게 50명이 되지 않아 광고를 내지 못하는 점포(대조군)는 비교 가능하다고 할 수 있다. [도표 6-1]을 보면 컷오프 값 부근에서 큰 매출의 격차가 발생했다. 컷오프 값에서 발생한 이 '점프'는 광고에 의해 발생한 것이기 때문에 그 크기야말로 광고가 매출에 미치는 인과 효과라 할 수 있다.

단, 회귀 불연속 설계를 이용해 인과 효과를 추정하기 위해서는 중요한 전제조건이 성립해야 한다. 특히 중요한 것은 연속 변수의 컷오프 값 주변에서 결과에 영향을 줄 만한 다른 이벤트가 발생하지 말아야 한다는 점이다. 예를 들어 종업원이 50명 이상일 경우 광고를 낼 수 있을 뿐 아니라 매출에 따른 보너스도 지급된다고 하자. 이럴 경우 컷오프 값 주변의 '점프'는 광고 효과인지 보너스 효과인지 알 수 없다.

부모들의 착각

회귀 불연속 설계를 이용한 연구를 소개한다. 입시철이 다가오면 자기 자녀만큼은 어떻게든 명문 학교에 들어가기를 바라는 부모들이 많을 것이다. 표준점수가 높은 학교에는 성적이 높은 학생들이 모여 있기 때문에, 자녀가 따라가기 조금 버거워도 우수한 친구들과 함께 학교생활을 하다 보면 자녀의 학력도 자연히 오를 것이라고 생각하는 것이다. '학생들의 학력이 높다'고 소문난 학교 주변의 집값, 땅값이 오르는 것도 학부형들의 이런 바람이 반영되기 때문이다. 경제학에서는 친구로부터 받는 영향을 '또래집단 효과peer effect'라고 부른다. 부모들은 일반적으로 또래의 집단이 자녀들의 학력에 긍정적인 영향을 미친다고 생각한다. 그러나 이는 신중하게 검토해볼 문제다. 공부 잘하는 친구와 사귀기 때문에 아이의 성적이 높아지는 것(인과관계)'일까? 아니면 '성적이 높은 아이일수록 공부 잘하는 친구와 사귀는 것(상관관계)'뿐일까?

이 문제에 주목한 것이 바로 매사추세츠 공과대학교의 조슈아 앵그리스트Joshua Angrist 교수팀이다. 보스턴과 뉴욕에는 대학 입시생들을 위한 특별한 공립고등학교가 각각 세 곳씩 총 여섯 개교가 있다. 이 학교는 입학 시험이 있어 합격하지 못하면 들어갈 수 없는, 이른바 '엘리트 고등학교'다. 이 고등학교 입시에 떨어진 학생들은 다른 공립고등학교로 가게 된다. 물론 공립고등학교 학생들의 평균 학력은 학생을 입시로 선발하는 엘리트 고등학교에 비하면 월등히 떨어진다. 앵그리스트 교수팀은 입시 커트라인에 아슬아슬하게 합격한 엘리트 고등학교 학생들(실험군)과, 아깝게 떨어져 다른 고등학교에 갈 수밖에 없었던 학생들(대조군)을 비교 가능하다고 봤다. 이 연구팀은 커트라인 점수를 컷오프 값으로 한 회귀 불연속 설계를 이용, 성적이 높은 친구들과 함께 고등학교 생활을 하는 것이 학생들의 학력에 주는 인과효과가 있는지를 밝히고자 했다.

공부 잘하는 친구들에 둘러싸여도
성적은 오르지 않는다

앵그리스트 교수팀의 연구 결과에 따르면 보스턴과 뉴욕의 학교 가운데 컷오프 값 주변에서 이후 학력의 '점프'가 나타난 학교는 없었다. '또래집단 효과'가 존재하는지에 대해서는 여전히 여러 설이 있지만, 성적이 높은 친구와 사귀는 것의 인과 효과를 밝히고자 했던 연구에서는 앵그리스트 교수팀과 같은 결론에 다다른 경우가 많았다.

전미경제연구소National Bureau of Economic Research, NBER 제프리 클링Jeffrey R. Kling 연구팀은 미국 정부가 시행하고 있는 대규모 랜덤화 비교 시험, '기회가 있는 곳으로의 이주The moving to Opportunity(MTO)'에 주목했다. 이는 자녀가 있는 빈곤층 가정을 대상으로 추첨을 통해 빈곤율이 낮은 지역으로 이주할 수 있는 쿠폰을 주는 정책이다. 추첨에 당첨돼 이주한 곳에서 자신들보다 학력이 높은 친구들과 함께 학교에 다닌 학생들의 학력을, 추첨에 떨어져 원래 살던 곳에서 계속 생활한 아이들의 학력과 비교해본 결과 통계적으로 유의미한 차이는 없었던 것으로 보고되고 있다. 많은 학부형들의 기대를 저버려 유감스럽지만, 공부 잘하는 친구에 둘러싸여 고등학교 생활을 해도 자녀의 학력에는 거의 영향이 없다는 이야기다.

'고령자의 의료비 본인 부담률'과 '사망률'이 상관 있을까?

회귀 불연속 설계를 이용한 연구를 한 가지 더 소개한다. 제2장에서도 나왔던 의료비의 본인 부담률과 관련한 연구다. 현재 일본에서는 고령자의 본인 부담률을 올려 의료비를 억제하자는 논의가 있는 한편, 본인 부담률이 오르면 고령자가 병원에 잘 가지 않게 돼 건강 상태가 악화되지 않겠느냐는 우려의 목소리도 있다. 이 문제에 대해 일본의 데이터를 이용해 연구를 진행한 사람이 바로 캐나다 사이먼프레이저 대학교 Simon Fraser University, SFU의 시게오카 히토시重岡仁 교수다. 시게오카 교수는 70세가 넘어가면 의료비의 본인 부담률이 30퍼센트에서 10퍼센트로 떨어지는 일본 제도에 주목해, 70세라는 컷오프 값 주변에서 건강 상태나 의료 서비스의 이용 빈도에 변화가 생기는지 검증하고자 했다.[14] 즉, 70세 0개월인 사람(실험군)과 69세 11개월인 사람(대조군)은 비교 가능하다고 본 것이다. 제2장에서 소개한 랜드 의료 보험 실험(68쪽)에서는 본인 부담률의 상승은 건강 상태에 영향을 주지 않는 것으로 나타났다. 그러나 미국에서는 연령이 65세를 넘어가면 자동으로 국가의 공적 노인의료보험(메디케어)에 가입되기 때문에, 랜드 의료보험 실험에는 65세 이상 고령자가 포함되지 않았다. 시게오카 교수의 연구는 랜드 의료보험 실험에서는 밝힐 수 없었던 고령자의 본인 부담률과 건강, 그리고 사망률 사이의 인과관계를 규명했다는 점에서 높이 평가할 만하다.

의료비 부담이 상승해도 사망률의 변화는 없다

시게오카 교수의 연구에 따르면, 고령자의 본인 부담률이 떨어지면 외래 환자 수는 10.3퍼센트 증가한다([도표 6-2]). 즉, 70세라는 컷오프 값 주변에서 외래 환자 수와 입원 환자 수의 '점프'

---

14 현재는 70~74세 20퍼센트 부담, 75세 이상은 10퍼센트 부담으로 바뀌었다. (2017년 2월 기준)

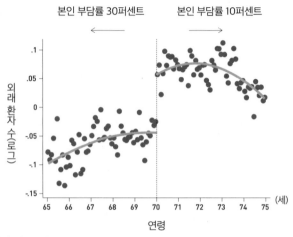

도표 6-2　본인 부담률이 상승하면 외래 환자가 증가한다

본인 부담률 30퍼센트　　　본인 부담률 10퍼센트

외래 환자 수(로그)

연령 (세)

[출처]시게오카 교수 연구(2014).

가 관찰된 것이다.[15] 특히 무릎 통증과 같은 관절통 환자가 급증했다. 그럼 본인 부담률 저하가 건강과 사망률에는 어떤 영향을 미쳤을까?

시게오카 교수가 내놓은 결과는 놀라웠다. [도표 6-3]에서 보는 바와 같이 70세라는 컷오프 값 주변에서 사망률의 '점프'

15　이 연구에서는 의료비의 본인 부담률이 10퍼센트 상승하면 의료 서비스에 대한 환자의 수요가 약 2퍼센트 하락하는 것으로 밝혀졌다. 이 수요의 변화는 앞서 언급한 랜드 의료보험 실험에서 확인된 것과 거의 비슷한 수준이었다.

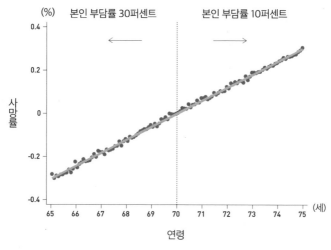

(%) 본인 부담률 30퍼센트　　　본인 부담률 10퍼센트

사망률

연령 (세)

[출처] 시게오카 교수 연구(2014).

는 관찰되지 않았다. 요컨대 본인 부담률이 떨어지면 진찰 및 입원의 빈도는 높아지지만 사망률에 변화는 없다는 것이다. 사망률뿐 아니라 신체적·정신적인 건강 상태가 좋다고 답한 사람의 비율에도 '점프'는 관찰되지 않았다. 즉, 의료비의 본인 부담률이 떨어지면 고령자가 병원에 가는 횟수는 늘어나지만 그렇다고 사망률이나 건강 상태에 영향이 나타나는 것은 아니다. 이러한 연구 결과들이 발표되며 고령자의 건강을 해치지 않으면서 의료비를 줄이기 위한 의료제도 개혁에 대한 기대는 점점 높

아지고 있다.[16]

앞서 언급했듯이 랜덤화 비교 시험의 에비던스 수준은 꽤 높다. 다음에 소개하는 사례는 이 랜덤화 비교 시험이 관찰 데이터를 이용한 연구의 결과를 180도 바꿔 놓은 것으로 유명한 '호르몬 보충요법'에 관한 에피소드다.

과거 남성에 비해 여성이 심근경색 등 동맥경화에 의해 유발되는 질병의 위험이 낮은 것으로 알려진 때가 있었다. 여성이 폐경을 맞으면 남성과 마찬가지로 심근경색에 걸릴 확률이 높아져 여성 호르몬이 동맥경화를 억제하는 역할을 하는 것이 아니냐는 가설이 더해졌다. 이를 배경으로, 폐경 후 여성의 심근경색 위험성을 낮추기 위해 여성 호르몬을 보충하는 '호르몬 보충요법'이 시행되기 시작했다. 이 요법에 관한 초기 연구(관찰 데이터를 이용한 연구)에서는 일관되게 호르몬 보충요법을 받은 환자가 심근경색의 위험성이 낮다는 연구 결과가 나왔다. 또 심근경색을 예방할 뿐 아니라, 갱년기 장애에 따른 증상 완화 효과도 있었기 때문에 건강에 관심이 많은 여성들 사이에서 마치 유행처럼 퍼져갔다.

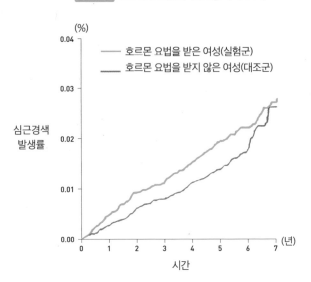

도표 6-4 호르몬 요법과 심근경색의 관계

(%)

0.04

호르몬 요법을 받은 여성(실험군)
호르몬 요법을 받지 않은 여성(대조군)

0.03

심근경색
발생률

0.02

0.01

0.00

0   1   2   3   4   5   6   7   (년)

시간

* 심근경색 발생률은 누적 위험률(hazard rate)이라는 지표를 이용해 나타내고 있다.

[출처] 맨슨 JE 외 (2003).

　　1990년대 후반, 호르몬 보충요법의 효과를 다시 확인할 목적
으로 랜덤화 비교 시험이 실시됐다. 폐경한 여성을 랜덤으로 나
눠 호르몬 보충요법을 받은 그룹(실험군)과 그렇지 않은 그룹(대
조군)에 대한 비교가 이뤄졌는데 그 결과는 실로 놀라웠다. 요법
시행 개시 5년 후인 2002년에는 호르몬 보충요법을 받은 여성
의 유방암 발생률이 통계적으로 유의미하게 높다는 사실이 밝
혀진 것이다. 호르몬 보충요법을 이용한 이 연구는 피험자에게

건강 피해를 준다는 이유로 즉각 중단됐다. 그래도 심근경색의 위험성은 낮아졌을 것이라는 기대는 여전히 컸다. 그러나 분석 결과, 호르몬 보충요법을 받은 여성이 오히려 심근경색의 위험성이 높은 것으로 밝혀져([도표 6-4]) 충격을 줬다.

어쩌다 이런 일이 벌어졌을까? 당시 호르몬 보충요법은 교육 수준과 소득이 높은 여성들을 중심으로 받는 사람이 많았는데, 이 여성들은 원래 건강에 대한 관심이 높아 평소 식사나 운동 등 생활습관도 좋았기 때문에 심근경색의 위험성이 낮았던 것이다. 랜덤화 비교 시험 전에 이루어진 분석에서는 이러한 '건강에 대한 관심'이라는 교란 요인의 존재를 검토하지 않아 가짜 상관에 지나지 않는 것을 인과관계로 잘못 해석했던 것이다. 인과 추론에 있어 랜덤화 비교 시험과 같은 검증이 얼마나 중요한지 재확인된 사례라 할 수 있다.

제7장

명문대를
졸업하면
연봉이 높을까?

비슷한 대상들끼리의 조합을 찾아라

매칭법

결과에 영향을 줄 만한 공변량을 이용해 대조군에서 실험군과 매우 흡사한 샘플을 찾아내 매칭시켜 비교하는 방법. 공변량이 복수일 때는 모두 종합해 점수화하여 이용하는 경우도 있다(성향 점수 매칭법). 매칭이 성립하기 위한 조건은 결과에 영향을 줄 만한 공변량이 모두 관찰 가능해야 한다는 것이다.

'짝'을 찾아낸다

당신은 계속해서 광고를 낸 점포와 그렇지 않은 점포가 비교 가능하지 않다는 점 때문에 고민하고 있다. 당신이 다니는 회사의 점포는 현재 100개에 이르는데, 그중에서 광고를 낸 점포는 30개, 그렇지 않은 점포는 70개다. 문득 이런 생각이 떠올랐다. '광고를 내지 않은 70개 점포 가운데서 광고를 낸 30개 점포와 매우 비슷한 조건의 점포를 30개 추출해 광고를 낸 30개 점포와 비교하면 되지 않을까?' 이것이 바로 매칭법의 개념이다.

매칭법이란 실험군과 매우 비슷한 짝을 대조군에서 추출해 두 그룹을 비교 가능하게 만드는 방법이다. 제5장에서 언급한 바와 같이 광고를 낼지 말지는 점장의 재량에 맡겨진 부분이 크고, 광고를 낸 점포의 점장은 대체로 근속 연수가 길며 나이가 많은 경향이 있다. 그 밖의 속성에서는 큰 차이가 없다고 가정하자. 광고를 낸 30개 점포 점장의 평균 연령은 50세였고, 광고를 내지 않은 점포 점장의 평균 연령은 30세였다.

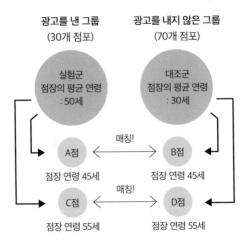

광고를 낸 그룹
(30개 점포)

광고를 내지 않은 그룹
(70개 점포)

실험군
점장의 평균 연령
: 50세

대조군
점장의 평균 연령
: 30세

매칭!

A점 ⟷ B점

점장 연령 45세   점장 연령 45세

매칭!

C점 ⟷ D점

점장 연령 55세   점장 연령 55세

매칭법에서는 광고를 낸 그룹 중 한 점포의 점장 연령이 45세면, 광고를 내지 않은 그룹 중에서 점장의 연령이 45세인 점포를 골라 매칭한다. 광고를 낸 또 다른 점포의 점장 연령이 55세면 광고를 내지 않은 점포 중에서 점장의 연령이 55세인 점포를 골라 매칭한다. 이렇게 하나씩 매칭시켜나가면 결국 점장의 평균 연령이 50세인 실험군과 대조군이 완성되고, 이 두 그룹은 비교 가능해진다([도표 7-1]). 이때 점장의 '연령'에 해당하는 변수를 '공변량'이라고 부른다.[17]

단, 공변량이 하나여야 한다는 법은 없다. 공변량이 점장의 연령 하나라면 대조군에서 그 조건에 맞는 점포를 찾아 매칭하는 것은 그리 어렵지 않다. 그러나 공변량이 많으면 모든 조건이 동일한 점포를 대조군에서 찾아내는 것은 거의 불가능에 가깝다.

이럴 때는 매칭법의 하나인 '성향 점수 매칭법Propensity score matching'이라는 기법을 이용한다. '성향 점수'란 복수의 공변량을 종합해 점수화한 것으로, '실험군으로 분류될 확률'을 의미한다. 예를 들어 다양한 공변량을 고려한 결과 광고를 낼 확률이 50퍼센트인 점포의 성향 점수는 0.5, 광고를 낼 확률이 30퍼센트인 점포의 성향 점수는 0.3이 된다. 먼저 광고를 낸 점포(실험군) 중에서 성향 점수가 0.5인 점포가 있으면, 광고를 내지 않은 점포(대조군)에서 성향 점수가 0.5인 점포를 찾아 매칭한다. 성향 점수가 0.3인 점포가 있으면 대조군에서 같은 값의 점포를 골라

---

17 공변량과 교란 요인이 헷갈리는 사람도 있을 것이다. 공변량이란 원인과 결과를 제외한 나머지 모든 변수를 가리킨다. 즉, 현재 있는 데이터 중에서 원인과 결과에 해당하는 변수 이외의 모든 변수가 공변량이다. 반면 교란 요인이란 그 공변량 중에서 '원인과 결과 모두에 영향을 미치는 것'을 말한다. 즉, 공변량 중에서는 교란 요인도 있고 그렇지 않은 것도 포함된다.

매칭한다. 이렇게 완성된 두 개의 그룹을 비교하면, 성향 점수 계산에 이용한 모든 공변량이 두 그룹 사이에서 비슷한 값을 취하게 된다.

여기서 성향 점수 매칭법의 큰 그림을 이해하기 위해, 가공의 데이터를 이용하여 광고가 매출에 미치는 인과 효과를 추정해보자. 매출에는 점장의 연령, 점포가 위치한 지역의 인구, 점포가 위치한 지역의 평균 소득이 영향을 미쳤다고 가정한다(여기서는 '점장의 연령', '지역의 인구', '지역의 평균 소득'이 공변량이다). 그런데 [도표 7-2]만 봐서는 광고를 내지 않은 점포가 오히려 매출이 오른 것처럼 보인다. 과연 그럴까? 그렇다면 당신의 회사는 광고를 내지 말았어야 했을까?

도표 7-2 '공변량'이 제각각이면 비교할 수 없다

		광고 ○ (30개 점포 / 실험군)	광고 × (70개 점포 / 대조군)
공변량	점장의 연령	50세	30세
	지역의 인구	30만 명	100만 명
	지역의 평균 소득	450만 엔	650만 엔
결과	매출	1000만 엔	1400만 엔

현재 상태로는 광고를 낸 실험군과 그렇지 않은 대조군을 비교할 수 없다는 것은 분명하다. 광고를 낸 점포들의 점장 연령이 높은 것은 매출이 낮은 지역에 경험이 풍부한 점장을 일부러 배치했기 때문일 수도 있다. 이렇게 단순히 광고를 냈는지 여부만 가지고 매출을 비교하면 마치 광고가 매출에 마이너스 효과가 있었다는 잘못된 결론에 이르게 될 가능성이 있다. 이럴 때 사용하는 것이 바로 '성향 점수 매칭법'이다. 점장의 연령, 지역의 인구, 지역의 평균 소득이라는 세 개의 공변량을 이용해 성향 점수를 계산한다. 그런 다음 실험군과 대조군에서 성향 점수가 비슷한 점포를 순차적으로 매칭한다. 그러면 실험군 30개 점포와 대조군 30개 점포의 조합이 완성된다.

도표 7-3 성향 점수 매칭으로 '공변량'의 균형을 맞추다

		광고 ○ (30개 점포 / 실험군)	광고 × (30개 점포 / 대조군)
공변량	점장의 연령	48세	47세
	지역의 인구	40만 명	41만 명
	지역의 평균 소득	460만 엔	450만 엔
결과	매출	1200만 엔	1000만 엔

200만 엔의 인과 효과

[도표 7-3]은 성향 점수 매칭법을 이용해 실험군과 대조군을 비교한 표다. 이렇게 매칭한 다음 공변량의 분포가 일치하는 것으로 확인되면(경제학자들은 이를 '공변량의 균형이 맞춰졌다'고 표현한다), 두 그룹은 비교 가능하다고 할 수 있다. 이 상태가 돼야 비로소 '다양한 속성을 고려할 때 광고를 낼 가능성은 같지만, 어쩌다 한쪽은 광고를 냈고 또 다른 한쪽은 광고를 내지 않은 비교 가능한 두 그룹'이 완성됐다고 말할 수 있다. 즉 대조군은 '실험군이 만일 광고를 내지 않았다면 매출은 어떻게 됐을까?' 라는 반사실을 보여주고 있으며, 더 나아가 실험군과 대조군의 매출 차이인 200만 엔이 광고의 인과 효과라고 말할 수 있다.

성향 점수 매칭법이 성립하려면?

성향 점수 매칭법이 성립하기 위해서는 두 개의 전제조건이 필요하다. 첫 번째 전제조건은 결과에 영향을 줄 만한 모든 공변량이 수치화된 데이터로 존재해야 한다는 것이다.

때로는 수치화할 수 없는 공변량도 존재한다.[18] 주얼리를 예로 설명하면 '주민들의 관혼상제에 대한 관심도' 등을 들 수 있

원인과 결과의 경제학

다. 관혼상제에 관심이 높으면 주얼리 브랜드에서의 지출도 늘어난다고 볼 수 있는데, 보통 이런 변수는 수치화하기가 쉽지 않다. 두 번째 전제조건은 모든 공변량이 성향 점수 계산에 이용돼야 한다는 것이다.

출신 대학이 미래 수입에 미치는 효과

매칭법을 이용한 훌륭한 연구를 하나 소개한다. 프린스턴 대학교의 앨런 크루거 교수가 쓴 두 편의 논문이다.

히토쓰바시 대학교 간바야시 료神林龍 교수팀의 연구에 따르면, 1990년대에 대졸과 고졸 사이의 임금 격차는 거의 벌어지지 않았지만, 같은 대졸 사이의 임금 격차는 과거보다 크게 벌어졌다고 한다.

그렇다면 같은 '대졸'이라도 표준점수가 높은 대학에 가면

---

18 '수치화할 수 없는 공변량'에는 (1) 처음부터 측정되지 않은 변수, (2) 측정됐지만 어떠한 이유로 인해 현재는 없는 변수 등이 포함된다. 다시 말해 실은 '수치화할 수 없는 것'이 아니라 수치화할 수는 있지만 어떠한 이유에서 수치화된 데이터로서 해석에 이용할 수 없는 공변량도 포함된다.

미래의 수입은 오를까?[19] 이 또한 신중하게 따져봐야 할 문제다. '표준점수가 높은 대학에 갔기 때문에 수입이 오른 것(인과관계)'일까? 아니면 '잠재 능력이 높아 수입이 오를 만한 업종에 취직하는 사람들이 표준점수가 높은 대학을 선택한 것(상관관계)'뿐일까?

크루거 교수팀은 매칭법을 이용해 이 문제의 답을 찾고자 했다. 미국의 대학 입시 선발 방식은 일본과는 약간 다르다. 일본에서는 필기시험 중심이지만, 미국에서는 필기시험 결과 외에 고등학교 성적, 교원 추천서, 지망 사유서 등을 종합적으로 평가해 선발한다. 연구팀은 각 수험자들이 합격한 대학과 불합격한 대학의 정보를 이용해 매칭을 실시했다. 예를 들어 A 대학과 B 대학에는 합격했는데 C 대학에는 불합격한 두 사람이 있다고 하자. 이 두 사람은 합격한 대학과 불합격한 대학이 같기 때문에, 적어도 대학 입시의 합격과 불합격을 판단하는 데 쓰인 정보(고등학교 성적 및 교원 추천서, 지망 사유서 등)를 이용하면 비교 가

---

19 미국에는 '표준점수'라는 개념은 없지만, 대신 'SAT'라는 대학 입학 자격 시험을 치러야 한다. SAT는 한국의 수능시험과 같은 것인데, 합격 난이도가 높은 대학일수록 고득점이 요구된다. 이 두 연구에서는 대학별 합격자의 SAT 평균점수를 이용했다.

능하다고 할 수 있다.[20]

여기서 이들이 합격한 두 대학을 비교해 보니 A 대학의 표준점수가 높았다. 둘 중 한 사람은 A 대학에 진학했고, 다른 한 사람은 자신이 관심이 있는 분야를 배울 수 있는, 자신이 거주하는 지역의 대학에 진학했다고 가정하자. 이 두 사람을 비교하면 표준점수가 높은 대학에 가는 것이 미래의 수입에 미치는 인과 효과를 추정할 수 있다.

명문대에 가도 수입은 오르지 않는다

매칭 결과는 놀랍게도 표준점수가 높은 대학에 진학한 학생 그룹(실험군)과 실험군과 같은 대학에 합격했지만 가지 않고 표준점수가 낮은 대학을 선택한 학생 그룹(대조군) 사이에서 졸업 후의 임금에 통계적으로 유의미한 차이는 없었던 것으로 나타

---

20 크루거 교수팀의 연구가 높이 평가받는 것은 기존의 성향 점수 매칭법으로는 고려하기 어려웠던 '수치화할 수 없는 공변량'에도 대처했기 때문이다. 대학이 합격·불합격을 판단할 때 교원 추천서나 지망 사유서 등의 정보, 그리고 원래는 수치화할 수 없는 학생들의 열의나 잠재 능력을 고려했을 가능성이 높기 때문에 이 정보를 이용하면 수치화할 수 없는 요소들도 자연히 포함하게 된다.

났다. 많은 사람들이 '표준점수가 높은 대학에 가면 수입이 오를 것'이라고 믿고 있지만, 크루거 교수팀의 연구에서는 그러한 인과관계는 인정되지 않았다. 단, 이 결론은 소수자 집단인 아프리카계 미국인이나 빈곤 가정의 사람들에게는 적용되지 않았다. 크루거 교수팀은 표준점수가 높은 대학을 통해 구축되는 인적 네트워크가 인종적 소수자나 빈곤층에 유리하게 작용하는 것은 아닌지 의문을 제기하고 있다.

크루거 교수팀의 연구는 매칭법을 이용한 연구였고, 이번에는 시카고 대학교 댄 블랙Dan A. Black 교수팀의 성향 점수 매칭법을 이용한 연구를 소개한다. 연구팀은 미국의 데이터를 이용해 대학의 표준점수가 이후의 수입에 미치는 인과 효과를 추정했다. 또 성향 점수를 산출하기 위한 공변량으로 연령, 인종, 출생지, 성적, 출신 고등학교의 규모, 출신 고등학교 교원의 질, 부모의 학력 및 직업, 어릴 적 신문 구독 여부 및 도서관 이용 여부 등을 이용했다. 매칭 후 성향 점수 매칭법의 결과를 보면 크루거 교수팀의 연구와 마찬가지로 표준점수가 높은 대학에 간 그룹(실험군)과 표준점수가 낮은 대학에 간 그룹(대조군) 사이에서 졸업 후 임금에 통계적으로 유의미한 차이는 없었던 것으로 밝혀졌다. 크루거 교수팀이 밝힌 바와 같이 표준점수가 높은 대학에 가는 것이 모든 학생들에게 미래의 수입을 극대화하는 선택은 아니며, 미래의 수입을 보장받을 수 있는 대학은 존재하지 않는다는 것이다.

연구팀은 논문에서 미네소타주 노스필드Northfield에 있는 명문 사립대학, 칼턴 칼리지Carleton College 학장을 역임한 스티븐 루이스Steven Lewis의 말을 인용했다. "문제는 어느 학교가 최고의 대학인가가 아니라, 누구에게 최고의 대학인가다." 이것이 일련의 연구를 통해 이끌어낸 결론일 것이다.

랜덤화 비교 시험의 실전판 'A/B 테스트'

랜덤화 비교 시험은 비즈니스 현장에서도 폭넓게 활용되고 있다. 이른바 'A/B 테스트'가 바로 그것이다.

당신은 주력 상품의 케이스 디자인 A와 B 두 개의 후보 가운데 어느 쪽이 좋을지 고민 중이다. 한 담당자는 무조건 A 디자인이 자사 분위기에 맞는다고 하고, 또 다른 담당자는 타사의 잘 나가는 상품의 케이스는 B 스타일이라고 주장한다. A를 선택한 경우 '만약 B였다면 어땠을까?'라는 반사실을 떠올리게 될 것이다(반대의 경우도 마찬가지다).

이럴 때 사용하는 기법이 바로 A/B 테스트다. 전 점포를 랜덤으로 두 그룹으로 분류한 다음 절반의 점포에서는 A 케이스로 판매하고, 나머지 점포에서는 B 케이스로 판매한다. 한동안 지켜보다 매출이 높은 쪽 케이스를 모든 점포에서 사용하면 된다. 이 기법을 가장 많이 활용하는 곳이 바로 인터넷 쇼핑 사이트다. 같은 상품이라도 접속한 장소나 사용자에 따라 다른 사진이나 배너 광고, 캐치프레이즈가 뜬다는 사실을 이미 눈치 챈 사람들도 있을 것이다.

남아프리카에 본사를 둔 금융기관 크레디트 인뎀너티Credit
Indemnity가 실시한 A/B 테스트의 결과는 매우 흥미롭다. 이 업체
는 5만 명의 고객에게 다이렉트 메일을 랜덤으로 보내는 A/B
테스트를 실시했다. 그 메일의 내용은 대출 제안에 대한 정보의
양이 많은 것과 적은 것, 사진이 있는 것과 없는 것 등 그 패턴이
다양했다. 그들의 테스트 목적은 다이렉트 메일의 내용에 따라
대출 신청 수가 어떻게 달라지는지 알아보는 것이었다.

테스트 결과 매력적인 여성의 사진이 담긴 다이렉트 메일을
받은 사람들 중에서는 남성들의 신청이 증가하는 효과가 있었
다. 그리고 대출 금액과 상환 방식이 한 가지만 안내된 다이렉트
메일이, 네 가지 상환 방식이 모두 소개된 다이렉트 메일보다 대
출 신청 비율이 컸다. 간소하고 정보의 양이 적은 다이렉트 메일
일수록 의외로 고객을 늘리는 효과가 있었던 것이다. 광고라는
것은 소비자 입장에서 더 직관적이고 쉽게 이해할 수 있어야 효
과적이라는 이야기다.

제8장

어떻게 해도
도저히 예측이
불가능하다면

기존 데이터를 다시 들여다보자

최적선

데이터 간의 거리 합계가 가장 작아지도록 그은 선. 이 선의 기울기는
원인이 한 단위 증가했을 때 결과가 어느 정도 변화하는지 보여주는 것
이며, 최적선의 기울기는 '인과 효과'를 의미한다.

적합하지 않은 데이터밖에 없을 때는

당신은 책상에 앉아 데이터를 보고 있다. 6개월 전에 창간된 잡지가 있어 시험 삼아 그 잡지에 광고를 냈고, 광고 이후의 매출 데이터가 오늘 나온 것이다. 상사에게 이 데이터를 분석해 다음 시즌에도 같은 잡지에 광고를 낼지 검토하라는 지시를 받았다. 그러나 유감스럽게도 새로 생긴 매체였기에 아무리 생각해도 회귀 불연속 설계나 이중차분법 등과 같은 준실험은 사용하기 어려워 보인다.

물론 랜덤화 비교 시험이나 준실험을 이용하면 인과 효과를 정확하게 평가할 가능성은 월등히 높아진다. 그러나 현재 있는 데이터는 단순히 경제활동의 결과를 기록한 것에 불과한 것이 대부분이고, 분석 목적에 따라 수집된 것이 아니다('빅데이터'의 대부분이 그러하다). 그렇다면 랜덤화 비교 시험 및 준실험과 같은 기법도 이용할 수 없게 된다

이럴 때, 일찌감치 포기하고 "이 데이터로는 광고 효과는 알 수 없습니다"라고 상사에게 말할 수 있는 사람이 얼마나 될까? 완전하지는 않지만 그래도 결론을 도출해야 하는 경우도 있다. 이처럼 이미 데이터는 있지만, 이 상태로는 인과관계를 평가하

는 데 적합하지 않을 경우는 어떻게 하면 좋을까?

이럴 때 이용하는 기법이 바로 '회귀 분석'이다. 회귀 분석에는 단회귀 분석과 중회귀 분석 두 종류가 있다. 단회귀 분석이란 두 변수의 관계를 평가하는 방법이다. 그러나 이 방법으로는 교란 요인이 존재할 경우 그 영향을 배제할 수 없다. 반면, 중회귀 분석으로는 교란 요인의 영향을 배제한 다음 원인과 결과의 관계를 평가할 수 있다. 드물기는 하지만, 만일 모든 교란 요인의 데이터를 갖고 있다면 중회귀 분석으로 확실하게 인과관계를 증명할 수 있다.

최적선을 긋는 방법

먼저 단회귀 분석을 이용해 회귀 분석의 기본적인 개념에 대해 알아보자. [도표 8-1]에서 보는 바와 같이 네 개의 데이터가 있고, 각각에 원인과 결과의 조합이 주어져 있다고 가정하자. 당신은 이 두 변수 사이에 인과관계가 있는지 평가하려고 한다. 회귀 분석이란 이 네 개의 점 사이를 통과하는 '최적선'을 긋는 방법을 말한다. 최적선을 그을 수 있다면 그 선의 '기울기'는 원인

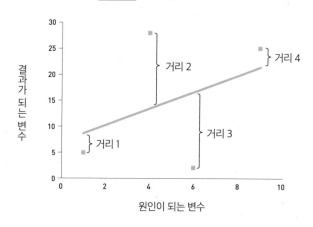

이 한 단위 증가했을 때 결과가 어느 정도 변화하는지를 보여준다. 즉, 이 최적선의 기울기야말로 원인의 결과에 대한 '인과 효과' 그 자체다.

최적선을 긋는 방법은 다음과 같다. 먼저 네 개의 데이터 포인트([도표 8-1]의 각각의 점) 사이를 통과하는 선을 어림잡아 긋는다. 그 선에서 각 데이터 포인트로 수직으로 선을 그어 선과 데이터 포인트의 거리를 측정한다. 첫 번째 데이터 포인트와 선의 거리를 '거리 1', 두 번째 데이터 포인트와 선의 거리를 '거리 2' 등으로 표시하면, 거리 1~4에 해당하는 네 개의 선과 점의 거리를 알 수 있다. 그리고 이 네 개의 거리의 합계가 가장 작아지도록 그은 선이 바로 '최적선'이다. 최적선은 보통 손으로 직접 긋지 않고 통계 해석 프로그램으로 찾는다.

교란 요인의 영향을 배제하려면

최적선의 기울기를 인과 효과라고 말하기 위해서는 '교란 요인이 존재하지 않는다'는 전제조건이 충족돼야 한다. 그러나 현실적으로 이 조건이 충족되는 경우는 많지 않다. 이럴 때 쓰는 기법이 바로 교란 요인의 영향을 배제할 수 있는 중회귀 분석이다. 교란 요인 값이 움직이지 않도록 고정한[21] 다음 원인과 결과의 관계를 나타내는 '최적선'을 그어 그 기울기를 인과 효과로 평가할 수 있다.

이번에는 음주와 폐암의 관계를 예로 살펴보자. 지금 우리가 음주와 폐암 사이에 인과관계가 있지 않을까 의심하고 있다고 가정하는 것이다. 일반적으로도 주량이 센 사람일수록 폐암 위험성이 높은 것으로 알려져 있다. 여기서 한 가지 주의할 점은

---

21 '고정한다'는 말은 '일정하게 놓는다', '보정한다', '제어한다'라고도 표현할 수 있다.

'흡연'이라는 교란 요인의 존재다. 음주를 하는 사람들 중에는 담배를 피우는 사람들이 많고, 흡연은 폐암의 원인이기도 하다 ([도표8-2]).

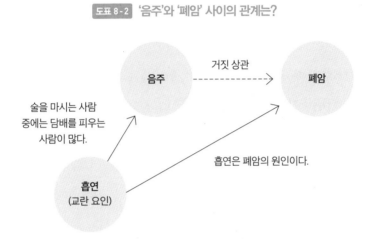

도표 8-2 '음주'와 '폐암' 사이의 관계는?

음주와 폐암 사이의 인과관계를 밝히고자 할 때는 흡연량이 같은 사람들 중에서 주량이 센 사람과 약한 사람을 비교해 폐암의 위험성이 다른지 알아봐야 한다. 중회귀 분석을 이용하면 이처럼 흡연량을 고정할 수 있다. 고정된 흡연량은 하루에 0개피(담배를 피우지 않는 사람)라도 좋고 하루에 다섯 개피라도 상관없다. 이렇게 하면 교란 요인인 흡연량의 영향을 배제한 상태에서 음주와 폐암의 관계를 평가할 수 있다.[22] 일반적인 통계 해석 프로그램을 이용하면 누구나 쉽게 중회귀 분석을 할 수 있다.

광고 효과가 있었냐는 질문을 받고, 작년과 비교해 광고와 매출이 상관관계에 있는 것을 마치 인과관계가 있는 것처럼 답변했다가는 교란 요인의 존재에 대한 지적을 받고 창피를 당할 수도 있다. 그러나 미리 이러한 요인들의 데이터를 모아 그 영향을 배제한 상태에서 원인과 결과의 관계에 대해 평가했다고 밝히면, 당신에 대한 상사나 고객의 신뢰도는 틀림없이 크게 오를 것이다.

---

22 흡연자의 경우 음주와 폐암에 관계가 있을 가능성을 시사하는 논문도 있지만, 전반적으로 아직 결론이 났다고 보기는 어려운 상황이다.

인과 추론은 어떻게 발전해왔나?

경제학·통계학에서 인과 추론이란

경제학에서 인과 추론의 역사는 그리 길지 않다. 1940년대 노르웨이 오슬로 대학교의 경제학자 트뤼그베 호벨모 Trygve Haavelmo 교수가 자신의 논문에서 반사실의 개념을 의미하는 듯한 표현을 썼지만, 정확히 정의됐다고는 보기 어려운 수준이었다.

그러다 1990년대 들어 큰 변화가 생겼다. 당시 하버드 대학교 경제학부에 소속돼 있던 저명한 계량경제학자 귀도 임벤스 Guido Imbens 교수와 매사추세츠 공과대학교의 노동경제학자 조슈아 앵그리스트 교수가 도널드 루빈과 손잡고 '루빈의 인과 추론 모델'을 경제학에 도입했던 것이다.[23] 하버드 대학교와 매사추세츠 공과대학교는 미국 매사추세츠주 케임브리지시에 있다. 이러한 지리적인 접근성도 그들이 연구를 함께 하는 데 한몫했

---

23 루빈의 인과 모델에 따르면 모든 사람에게는 두 가지 '잠재적 결과'가 있다. 개입이 있을 때의 잠재적 결과와 개입이 없을 때의 잠재적 결과가 그것이다. 그러나 누구든 그중 어느 한쪽밖에 관찰할 수 없다. 개입을 받은 사람은 개입을 받지 않은 경우의 잠재적 결과는 관찰할 수 없고, 개입을 받지 않은 사람은 개입을 받았을 경우의 잠재적 결과를 관찰할 수 없다. 즉, 모든 사람이 둘 중 어느 한쪽의 잠재적 결과밖에 관찰할 수 없다는 것이 인과 추론의 근본적인 문제라고 루빈은 생각했다.

을 것이다. 일찍이 '인과 추론'의 가장 대표적인 교과서로 이름 난 『통계, 사회, 의생명과학의 인과 추론 Causal Inference for Statistics, Social, and Biomedical Sciences : An Introduction』은 루빈과 임벤스가 오랜 세월 하버드 대학교 경제학부에서 해온 강의를 엮어 함께 쓴 책으로, 2015년 출판됐다.

경제학에서 인과 추론의 역사가 그리 길지 않은 데는 이유가 있다. 역학이나 생물통계학에서는 '임상 시험'이 가능하지만, 경제학을 비롯한 사회과학 분야에서 실험은 매우 어렵다. 인간을 대상으로 한 실험을 하려면 자금 문제뿐 아니라 윤리적·정치적으로 어려움이 따르는 경우도 많다. 이러한 이유로, 경제학이 인과 추론을 가까이 하기 어렵게 된 것으로 보인다.

그런데 2000년대 들어 경제학에 또다시 새로운 움직임이 생겨났다. 실험경제학자인 시카고 대학교의 존 리스트 John A. List 교수와 개발경제학 전문가 집단인 매사추세츠 공과대학교 빈곤퇴치연구소 J-PAL의 연구팀이 많은 어려움 끝에 대규모 사회 실험을 실시하기 시작한 것이다. 이곳에서는 '랜덤화 비교 시험의 전문 기관'이라고 해도 과언이 아닐 정도로, 철저히 랜덤화 비교 시험을 이용한 연구만 진행되고 있다. 그들은 '정치적 유행에 휩쓸리기 쉬운 정책을 에비던스에 근거한 정책으로 만든다'는 목표를 표방, 랜덤화 비교 시험을 '정책 평가의 이상형'이라 불리는 수준까지 끌어올리는 데 성공했다. 정책 평가는 인과 추론에 근거해 정책의 효과를 측정하는 연구 영역인데, 최근 급속도로 체계화가 진행 중이다.

역학에서 인과 추론이란

경제학·통계학과는 다른 흐름으로 발전해온 인과 추론의 개념도 있다. 그 가운데 하나가 바로 역학에서의 인과 추론이다. 개인을 대상으로 질병의 원인 및 치료법을 연구하는 것이 '의학' 연구라면, '역학'이란 집단을 대상으로 질병의 원인 및 예방 등을 연구하는 학문을 말한다.

1990년대 중반, 이스라엘계 미국인 계산과학자인 주데아 펄Judea Pearl이 DAG(방향성 비순환 그래프)라 불리는 그림을 이용해 인과관계를 밝히는 방법을 개발했다. 이후 DAG는 하버드 대학교의 제임스 로빈스James Robins와 미겔 허넌Miguel Hernan, UCLA의 샌더 그린랜드Sander Greenland 등에 의해 의학과 역학의 세계로 확산, 학부 및 대학원 과정에도 도입되며 교육이 이루어지게 됐다. 이 다이어그램의 가장 큰 특징은 화살표를 이용한 그림으로 인과관계를 표현한다는 점이다. 이 책에서 화살표를 이용해 인과

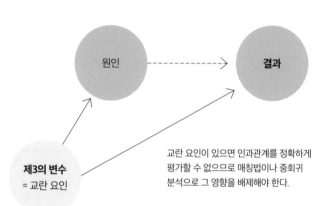

교란 요인이 있으면 인과관계를 정확하게 평가할 수 없으므로 매칭법이나 중회귀 분석으로 그 영향을 배제해야 한다.

도표 8-4 중간 변수의 영향은 배제해서는 안 된다

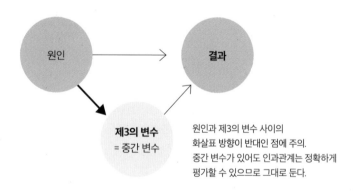

원인과 제3의 변수 사이의 화살표 방향이 반대인 점에 주의. 중간 변수가 있어도 인과관계는 정확하게 평가할 수 있으므로 그대로 둔다.

관계와 상관관계를 나타낸 그림도 같은 종류라 볼 수 있다.

교란 요인은 '원인과 결과 양쪽에 영향을 주는 제3의 변수'이기 때문에, 원인과 결과 양쪽으로 화살표를 그을 수 있으면 이에 해당한다고 볼 수 있다([도표 8-3]). 그리고 교란 요인으로 확인된 이상, 매칭법이나 중회귀 분석을 이용해 그 영향을 배제하지 않으면 인과관계를 정확하게 평가하는 것은 불가능하다.

한편 화살표 방향을 원인에서 제3의 변수 쪽, 즉 반대로 그을 수 있을 경우 제3의 변수는 교란 요인이 아니다. 이는 인과관계의 경로 중간에 있기 때문에 '중간 변수'라 불린다. ([도표 8-4]). 이러한 중간 변수에 중회귀 분석 등을 이용하면 원인 본래의 영향을 과소평가하게 되는 것으로 알려져 있다.

분석의 타당성과 한계에 대해

타당성 있다는 것은 무엇인가

지금까지 인과 추론의 다양한 방법을 살펴보았다. 그런데 각각의 '타당성'과 '한계'는 없을까?

먼저 분석 결과의 타당성을 평가하기 위한 두 가지 개념, 즉 '내적 타당성'과 '외적 타당성'에 대해 짚어보도록 하자. 내적 타당성이란 두 변수 사이에 인과관계가 있을 확률을 의미한다. 즉, 연구 대상이 된 집단에 재차 동일한 개입을 했을 때 같은 결과가 재현되는 정도를 가리킨다. 그리고 외적 타당성은 연구 대상과는 다른 집단에 개입했을 때 같은 결과가 재현되는 정도를 의미한다.

다음의 사례를 가지고 생각해보자. 미국에서 실시된 랜덤화 비교 시험에서 혈압을 떨어뜨리면 심근경색에 걸릴 위험성이 낮아져 사망률이 하락한다는 인과관계가 증명됐다고 치자. 랜덤화 비교 시험은 에비던스 수준이 높은 기법이기 때문에 내적 타당성이 높다고 볼 수 있다. 그러나 이 랜덤화 비교 시험은 미국인을 대상으로 한 것이기에 이 결과가 다른 나라에도 해당되는지, 즉 외적 타당성에 대해 신중하게 살펴볼 필요가 있다. 일반적으로 일본인은 심근경색보다 뇌경색에 걸리기 쉽고, 미국인은 뇌경색보다 심근경색에 걸리기 쉬운 것으로 알려져 있다. 그렇기 때문에 일본인들도 혈압을 떨어뜨리면 심근경색의 위험성이 낮아지는지 일본인의 데이터를 가지고 검증해야 한다. 일본인을 대상으로 같은 연구를 실시해 미국인과 마찬가지로 혈압을 떨어뜨리면 심근경색의 위험성이 낮아진다는 것이 확인돼야 비로소 '외적 타당성이 있다'고 할 수 있다.

랜덤화 비교 시험에도 한계는 있다

이 책에서 소개한 다양한 기법은 학술적으로 확립된 기법이기는 하나, 모두 완벽하다고 볼 수는 없다. 그렇기 때문에 필히 각각의 기법의 한계를 알고 도출된 결과가 충분히 타당한지 검토해야 비로소 '두 변수 사이에 인과관계가 있는가?'라는 질문에 정확히 답할 수 있다. 이 책에서는 자연 실험과 준실험을 이용해 관찰 데이터로도 인과관계를 밝히는 방법에 대해 설명했는데, 인과관계를 밝힌다는 점에서는 랜덤화 비교 시험이 관찰 데이터를 이용한 연구보다 더 뛰어난 방법이라는 점에는 의심의 여지가 없다. 그러나 여기에도 몇 가지 한계는 존재한다.

먼저 랜덤화 비교 시험에는 꽤 많은 비용이 든다. 앞에서 언급한 바와 같이 '랜드 의료보험 실험'에 3억 달러라는 비용이 투입됐는데, 이렇게 큰돈이 드는 사회 실험은 쉽게 할 수 있는 것이 아니다. 두 번째로 '외적 타당성'의 문제가 있다. 랜덤화 비교 시험에서는 연구 대상자가 엄격하게 선정되는 경우가 많기 때문에, 다른 집단에서도 같은 결과를 얻을 수 있을지는 장담할 수 없다. 세 번째로 윤리적인 문제로 실시할 수 없는 경우도 많다. 예를 들어 흡연과 폐암의 인과관계를 알아보기 위해 피험자에게 강제로 담배를 피우게 할 수는 없다. 네 번째로 실험 계획대로 랜덤으로 분류하지 못해 랜덤화에 실패하는 경우도 있다. 분류할 때뿐 아니라 실험 중간에 대상자들이 대조군에서 실험군으로 이동해 발생하는 편향도 있다. 다섯 번째로 랜덤화 비교 시험에서 확인된 효과Efficacy보다 실제로 사회 전체에 도입했을 때의 효과Effectiveness가 작다는 문제다.

예를 들어 약효를 확인하는 임상 시험에서는 대상자가 매우 엄밀히 선정된다. 고령자나 복합 질병 환자는 피험자에서 제외되는 경우가 많다. 그러나 임상 시험을 통해 약효가 확인되면 고령자나 복합 질병 환자에게도 약을 쓰기 때문에 실제 약효는 임상 시험에서 증명되는 것과 달라질 수 있다는 이야기다. 즉, 랜덤화 비교 시험에도 한계는 있어서 절대적으로 정확한 것은 아니다. 랜덤화 비교 시험의 에비던스 수준이 높은 것은 제1장에서도 설명한 바와 같이 인과관계가 존재하는지 확인하기 위한 세 가지 체크 포인트 '(1) 우연의 일치가 아니다, (2) 교란 요인이 존재하지 않는다, (3) 역의 인과관계가 존재하지 않는다'를 충족하는 확실한 방법이기 때문이다. 바꿔 말하면 관찰 데이터를 이용한 연구에서도 이 세 가지가 충족됐는지를 주의 깊게 검토해 이를 증명할 수 있다면 강한 에비던스가 될 수 있다.

보론 ❷

인과 추론의 5단계

이 책에서 살펴본 것을 계통적으로 복습하기 위해 인과 추론을 다섯 단계로 정리했다. 계속해서 광고와 매출의 사례에 적용시켜보자.

 '원인'은 무엇인가?

광고와 매출의 경우에서는 '광고'가 이에 해당된다. 단, 원인이 광고라 하더라도 그것이 구체적으로 광고료인지, 게재 면적인지, 아니면 단순히 광고를 냈는지의 여부인지 등 무엇을 가리키는지는 명확히 정의해야 한다.

'결과'는 무엇인가?

광고와 매출에서는 '매출'이 이에 해당된다. 확인하고자 하는 것이 매출인지, 영업이익인지 확실히 해야 한다. 즉, 결과 또한 애매하게 정의해서는 안된다.

3단계 **세 가지 체크 포인트를 확인**

28쪽에서 소개한 바와 같이 인과관계를 확인하기 위한 세 가지 체크 포인트 '(1) 우연의 일치는 아닌가? (2) 교란 요인은 존재하지 않는가? (3) 역의 인과관계는 존재하지 않는가?'를 확인해야 한다. 광고와 매출의 사례에서는 (2)의 광고와 매출 양쪽 모두에 영향을 미치고 있을 만한 변수가 존재하지 않는지 확실하게 검토해야 한다. 예를 들어 '호황'과 같은 요인이 존재할 가능성이 있을 수 있다. 경기가 좋으면 광고를 내려는 경향이 강해지고 이와 함께 매출도 향상될 가능성이 높다. 만일 '호황'이라는 교란 요인이 존재한다면 광고와 매출의 관계는 거짓 상관에 지나지 않는다.

4단계 **반사실을 만들어낼 것**

광고와 매출 사이에 인과관계가 있는지 확인하기 위해서는 당신의 회사가 광고를 냈을 때의 매출과 광고를 내지 않았을 때의 매출을 비교할 필요가 있다. 여기서 '광고를 내지 않았을 때'라는 가정이 바로 '반사실'이다. 예를 들어 경기가 좋으면 '광고를 내지 않았어도 매출은 올랐을 것'으로 예상할 수 있기 때문에, 광고가 매출에 주는 효과는 생각보다 작을 수 있다. '광고를 내지 않았을 때'라는 반사실의 매출은 (타임머신이 있다면 모를까) 알 수 없다. 그러나 광고와 매출의 인과관계를 알기 위해서는 반드시 반사실이 필요하기 때문에 '타당한 값'으로 채워야 한다. 예를 들어 같은 시기에 광고를 내지 않았던 경쟁사 매출 데이터의 활용 가능성 등을 모색해봐야 한다.

5단계 · 비교 가능해지도록 조정할 것

반사실을 타당한 값으로 채우는 유력한 방법은 '비교 가능'한 그룹이 되도록 조정하는 것이다. 예를 들어 같은 시기에 광고를 내지 않았던 경쟁사가 당신의 회사와 '비교 가능'하다고 치자. 이때 경쟁사의 매출은 '당신의 회사가 만일 광고를 내지 않았을 때(반사실)의 매출'을 타당한 값으로 채우는 데 사용할 수 있다.

2016년 1월 8일《월 스트리트 저널》이 '빅데이터에 숨어 있는 편향성, 미 규제 당국이 경고'라는 제목의 기사를 실었다. 미 연방거래위원회가 빅데이터를 분석해 비즈니스에 활용하는 기업에 대해 경고의 메시지를 보낸 것이다. 그 내용은 '상관관계가 있다는 것은 인과관계가 있다는 것을 의미하지 않는다'는 것이었다. 이것이 무엇을 의미하는지는 이 책을 읽은 독자라면 충분히 이해했을 것이다. 미 연방거래위원회는 기업들이 개인의 경제 상황이나 상환 이력에는 거의 관계가 없는 변수를 이용한 신용 위험도 분석으로 특정 개인의 신용 위험도를 예측한 다음, 이를 근거로 거래 여부를 결정하는 사례를 소개하고 있다. 이는 이 책에서 소개한 '우연의 일치'에 의한 거짓 상관(30쪽)일 가능성이 있음에도 불구하고, 이러한 분석에 근거해 사람들의 기회가 박탈되는 상황에 미 연방거래위원회가 경종을 울린 것이다.

'빅데이터'가 유행어처럼 돼버린 요즘, 데이터를 이용한 분석이 범람하고 있다. 그러나 데이터는 그 자체만으로는 그저 숫자의 나열에 불과하다. 데이터를 '어떻게 해석할지'가 매우 중요하다. 상관관계에 불과한 데이터 분석을 인과관계로 오인해버리면 잘못된 판단으로 이어질 수 있다. 그런 의미에서 인과관계를 밝히는 필수 교양이라 할 '인과 추론'이 연구자들의 전매특허였던 시대는 이미 끝났다. 해외에서는 인과 추론에 근거한 연구 성과가 사람들의 생활을 확실히 변화시키고 있다. 멕시코의 제54대 대통령인 에르네스토 세디요Ernesto Zedillo Ponce de León는 프로그레사PROGRESA 프로그램이라는 빈곤 대책을 실시하면서, 동시에 대규모 랜덤화 비교 시험을 통해 프로그레사 프로그램의 효과를 엄밀히 측정했다. 그 의도는 무엇이었을까? 세디요 전 대통령은 6년마다 실시되는 대선을 통해 대통령이 바뀔 때마다 방향성이 크게 바뀌는 빈곤 대책을, 대통령이나 정당의 이데올로기가 아니라 인과관계를 시사하는 에비던스에 근거해 추진되도록 하려 했던 것이다. '프로그레사 프로그램에 빈곤을 경감시키는 효과가 있다'는 것이 랜덤화 비교 시험을 통해 분명하게 밝혀지면, 대통령이나 정당이 바뀌어도 납세자인 국민들의 지지를 얻어 프로그램은 지속될 수 있을 것이다(그리고 실제로 세디요 전 대통령이 퇴임한 현재도 프로그레사 프로그램은 계속되고 있다).

미국에도 에비던스에 근거한 정책을 이끄는 집단이 있다. 에스테르 뒤플로 Esther Duflo 등과 같은 뛰어난 경제학자들이 모인 매사추세츠 공과대학교의 빈곤퇴치연구소는 '정치적 유행에 좌우되기 쉬운 정책을 에비던스에 근거한 것으로 만드는 것'을 목표로 설립된 랜덤화 비교 시험 전문 연구소다. 일련의 연구를 통해 축적된 지식은 통설이나 사람들의 착각이 강하게 지배하던 교육과 의료 등에 관한 정책 결정 프로세스를 크게 변화시키려 하고 있다.

저자 쓰가와 유스케가 2014년 10월 하버드 대학교에서 개최된 오바마 케어에 관한 심포지엄에 참석했을 때의 일이다. 청중 가운데 한 저널리스트가 "제 지인 중에는 오바마 케어로 보험료가 올라 힘들어하는 사람이 여럿 있습니다. 오바마 케어는 미국의 의료제도를 더 악화시키고 있는 것 아닌가요?" 하고 물었다. 그러자 매사추세츠 공과대학교의 의료경제학자이자 오바마 케어 설계에도 참여 중인 조너선 그루버 Jonathan Gruber 교수는 다음과 같이 답변했다. "개인의 경험담을 모아 놓은 것은 데이터도 아니고 에비던스도 아닙니다. 우리는 의심의 여지가 없는 데이터를 모으고 있고, 오바마 케어의 효과를 검증하고 있습니다.

그 결과 평균적으로는 미국 국민의 보험료는 오바마 케어로 저렴해진 것으로 나타났습니다. 사람에 따라서는 보험료가 올라 손해를 보고 계신 분도 있을지 모르지만, 그런 개인들의 이야기에 현혹되지 마시고 데이터를 이용해 큰 그림을 볼 수 있도록 해 주십시오."생명과 관련된 문제인 만큼 의료비를 둘러싼 논의는 개인의 경험에 근거해 감정적으로 흐르기 쉽다. 그루버 교수는 이를 감정론이 아니라 데이터와 에비던스를 근거로 논의하는 것의 중요성을 역설한 것이다.

이 책에서도 몇 차례 정치권에서 진행 중인 정책적 논의에 대해 언급했지만, 유감스럽게도 현재의 정책적인 논의가 인과관계를 시사하는 에비던스에 근거해 이루어진 것이라고는 보기 어렵다. 선거철이 다가오면 당장 눈앞의 표를 의식한 환심성 정책에 대해서만 논의가 이루어지다가, 선거가 끝나면 공약은 하루아침에 손바닥 뒤집듯 뒤바뀌거나, 돌연 아무 근거도 없는 정책이 무리하게 추진돼 결국 납세자인 국민의 이익만 현저하게 훼손되는 상황을 지켜봐야 할 때도 많다. 이는 다음 세대보다 다음 선거를 우선한 결과다. 이런 상황을 접할 때마다 '선거나 정국과 같은 일시적인 정치 쇼에 좌우되지 말고, 장기적인 시각으로 국민의 사회적 후생(행복)을 극대화할 수 있는 방법은 없을까?' 하는 생각이 든다. 이를 실현하기 위해서는 빈곤퇴치연구소가 표방하는 바와 같이 '정치적 유행에 좌우되기 쉬운 정책을 에비던스에 근거한 것으로 만들어가는 것'이 중요하다. 그리고 이를 위해서는 납세자인 우리 한 사람 한 사람이 '어느 정책에 인과 효과가 있는지' 날카로운 시선으로 지켜봐야 한다.

마지막으로 이 책의 출판에 많은 도움 주신 여러분에게 감사의 말을 남긴다. 학자들이 쓴 책의 후기를 보면 "이 책을 쓰겠다고 마음먹은 지 사반세기가 흘렀다", "지금은 돌아가신 편집자 ○○씨에게 바친다" 등과 같이 유구한 시간의 흐름이 느껴지는 것들도 적지 않다. 이 책도 어김없이 같은 길을 걷겠구나 싶었는데 편집자 가미무라 아키히로 씨의 질책과 격려 덕분에 이렇게 탈고할 수 있었다. 그리고 통계학자이자 인과 추론의 전문가이기도 한 호시노 다카히로 교수는 이 책의 초고 단계부터 꼼꼼한 체크와 조언을 아끼지 않았다. 아사이 유키코, 간바야시 료, 야마구치 신타로, 시게오카 히토시(게재 순)는 본인들의 연구를 이 책 속에서 인용하는 것을 흔쾌히 허락해주었다. 이 자리를 빌려 감사의 뜻을 전한다. 이 책에서 소개한 우리 두 사람의 연구는 경제산업연구소RIETI의 프로젝트인 '의료, 교육의 질 계측과 그 결정 요인에 관한 분석(연구 대표자 : 이누이 도모히코 학습원 교수)',

'노동시장 제도 개혁(연구 대표자 : 쓰루 고타로 게이오기주쿠 대학교 교수)'의 일부로 진행됐다. 경제산업연구소의 야노 마코토 소장과 모리카와 마사유키 부소장을 비롯해 이 연구소에서 많은 도움을 받은 것에 대해 다시 한번 감사드린다. 그리고 과학연구비 보조금 기반 S '사회적 장애의 경제이론·실증 연구(연구 대표자 : 마쓰이 아키히코 도쿄대학교 교수)', 기반 B '유소년기의 사회·생활환경, 학습 방법이 인적 자본 축적에 주는 영향 분석(연구 대표자 : 히로마쓰 다케시 정보세큐리티 대학원 대학교 교수)', 기반 A '빈곤과 재해의 교육 경제학 : 사회적 불리와 어려움을 극복하는 아이들을 어떻게 키울 것인가(연구 대표자 : 나카무로 마키코)'의 지원도 받았다. 이 책의 초고에 코멘트를 해준 게이오기주쿠 대학교 종합정책학부 정책미디어연구과 나카무로 연구실의 우에무라 오사무, 가와사키 미나미, 사카모토 아야노, 나카가와 마이, 나카타 도모히로, 나카무라 마유코, 나베사와 아유미, 야마고시 리사코, 요시야 마리에게도 감사드린다.

'연구'라는 것은 조금 특이한 일이다. 아무리 논문을 쓰고 학회에 발표를 해도 결코 우리의 호주머니는 두둑해지지 않는다. 그러나 연구를 통해 축적되는 지식은 지적 공공재로서 더 나은 세상을 만드는 데 공헌한다. 이런 연구라는 일을 이해해주고 아낌 없이 지원해준 우리 가족들에게도 감사한다.

이미 해외에서는 '에비던스에 근거한 정책'이 정착되고 있다. 그러나 이제부터 시작인 국내, 특히 통설이나 착각에 의해 지배받는 부분이 많은 교육이나 의료와 같은 분야에 정착시키기란 더더욱 쉽지 않을 것이다. 아마도 우리 연구자들이 평생을 바쳐 노력해가야 할 것이다. 경제학에서 중요하게 생각하는 '인과관계'를 시사하는 에비던스, 이를 찾아내기 위해 체계화된 '인과추론'. 이 두 가지가 데이터가 범람하는 시대를 사는 독자 여러분에게 조금이나마 도움이 된다면, 저자로서 이보다 기쁜 일은 없을 것이다.

나카무로 마키코·쓰가와 유스케

1. 다나카 류이치田中隆 ―『계량경제학의 첫걸음 ― 실증 분석의 추천』,
   (유히카쿠, 2015)

   이 책을 읽은 독자에게 첫 번째로 추천하는 책이다. 계량경제학의 교
   과서라 할 만한다. 인과 추론을 이용한 정책 평가에 관해 알기 쉽게
   설명돼 있다. 수식도 거의 나오지 않아 경제학과 통계학에 대한 지식
   이 없어도 쉽게 읽을 수 있는 좋은 책이다.

2. 이와나미 데이터 사이언스 간행위원회 편 '이와나미 데이터 사이언
   스' Vol.3《인과 추론 ― 실세계의 데이터에서 인과를 읽다》(이와나미
   쇼텐, 2016)

   '이와나미 데이터 사이언스' 시리즈의 세 번째 호는 인과 추론 특집
   으로, 일본의 해당 분야 일인자들이 인과 추론에 대해 해설한 책이
   다. 방법론뿐 아니라 구체적인 연구 성과에 대해서도 소개하는 등
   알찬 내용으로 채워져 있다. 이 책의 저자 중 한 명인 쓰가와도 준실

험에 대한 총설을 썼다.

3. 도널드 루빈·귀도 임벤스, 『통계, 사회, 의생명과학의 인과 추론』 (케임브리지 출판사, 2015)

   이 책에서도 소개된 통계학자 도널드 루빈과 경제학자 귀도 임벤스가 쓴 인과 추론의 교과서다. 특히 루빈의 이름을 딴 '루빈의 인과 모델'에 대해 상세히 설명하고 있다. 두 저자가 하버드 대학교 경제학부에서 인과 추론 강의를 맡았을 때의 강의록을 바탕으로 썼다고 한다. 인과 추론에 관심이 있는 사람에게 일독을 권한다.

4. 윌리엄 셰이디시, 토머스 쿡, 도널드 캠벨, 『일반화 인과 추론을 위한 실험 및 유사실험 설계』 (센게이지 러닝, 2002)

   인과 추론의 바이블이라고도 할 수 있는 책이다. 원래 심리학자인 도널드 T. 캠벨과 토머스 D. 쿡 두 사람이 교과서로 썼기 때문에 지금도 '쿡과 캠벨의 인과 추론 책'으로 알려져 있다. 2002년 제2판이 출간되면서 윌리엄 R. 셰이디시가 저자로 참여했다.

5. 호시노 다카히로星野崇宏 『조사 관찰 데이터의 통계 과학 – 인과 추론, 선택 편향 데이터 융합』 (이와나미쇼텐, 2009)

6. 조슈아 앵그리스트, 예른 슈테펜 피슈케, 『대체로 해롭지 않은 계량

경제학』(경문사 , 2014)*

7. 가노 시게키鹿野繁樹『새로운 계량경제학 – 데이터로 인과관계를 파헤
  치다』(일본평론사, 2015)

8. 조슈아 앵그리스트, 예른 슈테펜 피슈케,『고수들의 계량경제학 : 인
  과관계란 무엇인가?』(시그마프레스, 2017)*

9. 야마다 쓰요시山田剛史, 스기사와 다케토시杉澤武俊, 무라이 준이치로村
  井潤一郎『R을 활용한 쉬운 통계학』(옴샤, 2008)

10. 마쓰우라 도시유키松浦寿幸『STATA를 활용한 데이터 분석 입문 – 경
  제 분석의 기초에서 패널 데이터 분석까지』제2판, (도쿄도서, 2015)

11. 미와 사토시三輪哲, 하야시 유스케林雄亮 편저『SPSS를 활용한 응용
  다변량 해석』(옴샤, 2014)

* 표시된 책은 국내 번역 출간된 도서

제1장

타일러 비겐 웹사이트(http://tylervigen.com/spurious-correlations)

Vigen, T. (2015) *Spurious Correlations Hardcover*, Hachette Books.

Messerli, F. H. (2012) Chocolate Consumption, Cognitive Function, and Nobel Laureates, *The New England Journal of Medicine*, 367, 1562–1564.

Brickman, A. M., Khan, U. A., Provenzano, F. A., Yeung, L., Suzuki, W., Schroeter, H., Wall, M., Sloan, R. P. and Small, S. A. (2014) Enhancing Dentate Gyrus Function with Dietary Flavanols Improves Cognition in Older Adults, *Nature Neuroscience*, 17 (12), 1798-1803.

Sackett, D. L., Straus, S. E., Richardson, W. S., Rosenberg, W. and Haynes, R. B. (2000). *Evidence-based Medicine: How to Practice and Teach EBM*, Churchill Livingstone, 2 edition

제2장

Krogsbøll, L. T., Jørgensen, K. J., Grønhøj Larsen, C. and Gøtzsche, P. C. (2012) General Health Checks in Adults for Reducing Morbidity and Mortality from

Disease: Cochrane Systematic Review and Meta-analysis, *BMJ*, 345, e7191.

Jørgensen, T., Jacobsen, R. K., Toft, U., Aadahl, M., Glümer, C. and Pisinger, C. (2014) Effect of Screening and Lifestyle Counselling on Incidence of Ischaemic Heart Disease in General Population: Inter99 Randomised Trial, *BMJ*, 348, g3617.

「メタボ健診 システム不備 効果検証、2割しかできず 会計検査院、改修求める」 일본경제신문, 2015년 9월 5일자.

「日本の医療費は高額 新基準で世界3位―対GDP、OECD まとめ」 일본경제신문, 2016 년 8월 21일 (http://www.nikkei.com/article/DGXLASFS18H1I_Y6A810C1SHA000/)
Manning, W. G., Newhouse, J. P., Duan, N., Keeler, E. B., Leibowitz, A. and Marquis, M. S. (1987) Health Insurance and the Demand for Medical Care: Evidence from a Randomized Experiment, *American Economic Review*, 77 (3), 251-277.

「がんセンターとJT、肺がんリスク巡り対立 疑義に反論」 아사히신문 디지털, 2016 년 9월 30일 (http://www.asahi.com/articles/ASJ9Y5GC8J9YULBJ00J.html)

「受動喫煙による日本人の肺がんリスク約1.3倍 肺がんリスク評価『ほぼ確実』から 『確実』へ」 국립 암 연구센터 웹사이트 (http://www.ncc.go.jp/jp/information/press_release_20160831.html)

「受動喫煙と肺がんに関わる国立がん研究センター発表に対するJTコメント」 JT 웹사 이트 (https://www.jti.co.jp/tobacco/responsibilities/opinion/fsc_report/20160831.html)

「受動喫煙と肺がんに関するJTコメントへの見解」 국립 암 연구센터 웹사이트 (http://www.ncc.go.jp/jp/information/20160928.html)

Hori, M., Tanaka, H., Wakai, K., Sasazuki, S. and Katanoda, K. (2016) Secondhand Smoke Exposure and Risk of Lung Cancer in Japan: A Systematic Review and Meta-Analysis of Epidemiologic Studies, *Japanese Journal of Clinical Oncology*, 46 (10), 942-951.

제3장

Tsugawa, Y., Jena, A. B., Figueroa, J. F., Orav, E. J., Blumenthal, D. M. and Jha, A. K. (2017) Comparison of Hospital Mortality and Readmission Rates for Medicare Patients Treated by Male vs Female Physicians, *JAMA Internal Medicine*, 177 (2), 1-8.

Royer, H. (2009) Separated at Girth: US Twin Estimates of the Effects of Birth Weight, *American Economic Journal: Applied Economics*, 1 (1), 49-85.

Black, S. E., Devereux, P. J. and Salvanes, K. G. (2007) From the Cradle to the Labor Market? The Effect of Birth Weight on Adult Outcomes, *The Quarterly Journal of Economics*, 122 (1), 409-439.

Oreopoulos, P., Stabile, M., Walld, R. and Roos, L. L. (2008) Short-, Medium-, and Long-Term Consequences of Poor Infant Health: An Analysis Using Siblings and Twins, *The Journal of Human Resources*, 43 (1), 88-138.

Lin, M. J., and Liu, J. T. (2009) Do Lower Birth Weight Babies Have Lower Grades? Twin Fixed Effect and Instrumental Variable Method Evidence from Taiwan, *Social Science & Medicine*, 68 (10), 1780-1787.

Nakamuro, M., Uzuki, Y., and Inui, T. (2013) The Effects of Birth Weight: Does Fetal Origin Really Matter for Long-run Outcomes?. *Economics Letters*, 121 (1), 53-58.

Paul, A. M. (2011) Origins: How the Nine Months Before Birth Shape the Rest of Our Lives, Free Press.

Ferrante, D., Linetzky, B., Virgolini, M., Schoj, V. and Apelberg, B. (2012) Reduction in Hospital Admissions for Acute Coronary Syndrome after the Successful Implementation of 100% Smoke-free Legislation in Argentina: A Comparison with Partial Smoking Restrictions. *Tobacco Control*, 21 (4), 402-406.

González-Rozada, M., Molinari, M. and Virgolini, M. (2008) The Economic Impact of Smoke-free Laws on Sales in Bars and Restaurants in Argentina, CVD *Prevention and Control*, 3 (4), 197-203.

Glantz, S. A. and Smith, L. R. (1997) The Effect of Ordinances Requiring Smoke-free Restaurants and Bars on Revenues: A Follow-up, *American Journal of Public Health October*, 87 (10), 1687-1693.

Glantz, S. A. and Charlesworth, A. (1999) Tourism and Hotel Revenues before and after Passage of Smoke-free Restaurant Ordinances, *JAMA*, 281 (20), 1911-1918.

제4장

Asai, Y., Kambayashi, R. and Yamaguchi, S. (2015) Childcare Availability, Household Structure, and Maternal Employment, *Journal of the Japanese and*

International Economies, 38, 172-192.

山口慎太郎 (2016)「差の作法で検証する「保育所整備」の効果」、岩波データサイエンス刊行委員会編『岩波データサイエンスVol.3 [特集] 因果推論—実世界のデータから因果を読む』岩波書店.

朝井有紀子・神林龍・山口慎太郎 (2016)「保育所整備と母親の就業率」『経済分析』第191号(特別編集号), 123-152.

Heckman, J. J. (2006) Skill Formation and the Economics of Investing in Disadvantaged Children. *Science*, 312 (5782), 1900-1902.

Card, D. and Krueger, A. B. (1994) Minimum Wages and Employment: A Case Study of the Fast-Food Industry in New Jersey and Pennsylvania, *American Economic Review*, 84 (4), 772-793.

Card, D. and Krueger, A. B. (2000) Minimum Wages and Employment: A Case Study of the Fast-Food Industry in New Jersey and Pennsylvania: Reply, *American Economic Review*, 90 (5), 1397-1420.

Dube, A., Lester, T. W. and Reich, M. (2010) Minimum Wage Effects Across State Borders: Estimates Using Contiguous Counties, *The Review of Economics and Statistics*, 92 (4), 945-964.

大竹文雄・川口大司・鶴光太郎編著(2013)『最低賃金改革：日本の働き方をいかに変えるか』日本評論社　鶴光太郎(2013)「最低賃金の労働市場・経済への影響—諸外国の研究から　得られる鳥瞰図的な視点—」RIETI Discussion Paper Series, 13-J-008.

Neumark, D. and Wascher, W. (2000) Minimum Wages and Employment:

A Case Study of the Fast-Food Industry in New Jersey and Pennsylvania: Comment, *American Economic Review*, 90 (5), 1362-1396.

Straight, S. (2003) Other Juvenile Awareness Programs for Preventing Juvenile Delinquency: A Systematic Review of the Randomized Experimental Evidence, *Annals of the American Academy of Political and Social Science*, 589, 41-62.

Farrington, D. P., and Welsh, B. C. (2005) Randomized Experiments in Criminology: What Have We Learned in the Last Two Decades?. *Journal of Experimental Criminology*, 1 (1), 9-38.

제5장

Gentzkow, M. and Shapiro, J. M. (2008) Preschool Television Viewing and Adolescent Test Scores: Historical Evidence from the Coleman Study, *The Quarterly Journal of Economics*, 123 (1), 279-323.

Currie, J. (2009) Healthy, Wealthy, and Wise: Socioeconomic Status, Poor Health in Childhood, and Human Capital Development, *Journal of economic literature*, 47 (1), 87-122.

Currie, J. and Almond, D. (2011) Human Capital Development before Age Five, *Handbook of labor economics*, 4, 1315-1486.

Currie, J. and Moretti, E. (2003) Mother's Education and the Intergenerational Transmission of Human Capital: Evidence from College Openings, *The Quarterly Journal of Economics*, 1495-1532.

Greenstone, M. and Looney, A. (2011) Where Is the Best Place to Invest

$102,000: In Stocks, Bonds, or a College Degree?, *Hamilton Project*.

Ahern, K.R. and Dittmar, A. K. (2012) The Changing of the Boards: The Impact on Firm Valuation of Mandated Female Board Representation, *The Quarterly Journal of Economics*, 127 (1), 137-197.

Joshi, A. and Roh, H. (2009) The Role of Context in Work Team Diversity Research: A Metaanalytic Review, *Academy of Management Journal*, 52 (3), 599-627.

Østergaard, C. R., Timmermans, B. and Kristinsson, K. (2011) Does a Different View Create Something New? The Effect of Employee Diversity on Innovation, *Research Policy*, 40 (3), 500-509.

제6장

Abdulkadiroğlu, A., Angrist, J. and Pathak, P. (2014) The Elite Illusion: Achievement Effects at Boston and New York Exam Schools, *Econometrica*, 82 (1), 137-196.

Kling, J. R., Liebman, J. B., and Katz, L. F. (2007) Experimental Analysis of Neighborhood Effects, *Econometrica*, 75 (1), 83-119.

Shigeoka, H. (2014) The Effect of Patient Cost Sharing on Utilization, Health, and Risk Protection, *American Economic Review*, 104 (7), 2152-2184.

照山博司・細野薫・松島斉・松村敏弘編 (2016)「医療・介護の持続可能性と経済学：パネル討論Ⅰ」,『現代経済学の潮流2016』東洋経済, 165-200.

重岡仁「気鋭の論点：医療費の「高齢者1割負担」がもたらすメリットとデメリッ

ㅏ」 닛케이 비즈니스 온라인 2014년 2월 20일자.

Rossouw, J. E., Anderson, G. L., Prentice, R. L., LaCroix, A. Z., Kooperberg, C., Stefanick, M. L., Jackson, R. D., Beresford, S. A., Howard, B. V., Johnson, K. C., Kotchen, J. M. and Ockene, J.; Writing Group for the Women's Health Initiative Investigators (2002) Risks and Benefits of Estrogen plus Progestin in Healthy Postmenopausal Women: Principal Results from the Women's Health Initiative Randomized Controlled Trial, *JAMA*, 288(3), 321-333.

Manson, J. E., Hsia, J., Johnson, K. C., Rossouw, J. E., Assaf, A. R., Lasser, N. L., Trevisan, M., Black, H. R., Heckbert, S. R., Detrano, R., Strickland, O. L., Wong, N. D., Crouse, J. R., Stein, E. and Cushman, M.; Women's Health Initiative Investigators (2003) Estrogen plus Progestin and the Risk of Coronary Heart Disease, *The New England Journal of Medicine*, 349 (6), 523-534.

제7장

Dale, S. B. and Krueger, A. B. (2002) Estimating the Payoff to Attending a More Selective College: An Application of Selection on Observables and Unobservables, *The Quarterly Journal of Economics*, 117 (4), 1491-1527.

Dale, S. B. and Krueger, A. B. (2014) Estimating the Effects of College Characteristics over the Career Using Administrative Earnings Data, *The Journal of Human Resources*, 49 (2), 323-358.

Kambayashi, R., Kawaguchi, D. and Yokoyama, I. (2008) Wage Distribution in Japan, 1989-2003, *Canadian Journal of Economics*, 41 (4), 1329-1350.

Black, D. A., and Smith, J. A. (2004) How Robust Is the Evidence on the

Effects of College Quality? Evidence from Matching, *Journal of Econometrics*, 121 (1-2), 99-124.

Bertrand, M., Karlan, D., Mullainathan, S., Shafir, E., and Zinman, J. (2010) What's Advertising Content Worth? Evidence from a Consumer Credit Marketing Field Experiment, *The Quarterly Journal of Economics*, 125 (1), 263-306.

제8장

Korte, J. E., Brennan, P., Henley, S. J. and Boffetta, P. (2002) Dose-Specific Meta-Analysis and Sensitivity Analysis of the Relation between Alcohol Consumption and Lung Cancer Risk, *American Journal of Epidemiology*, 155 (6), 496-506.

Freudenheim, J. L., Ritz, J., Smith-Warner, S. A., Albanes, D., Bandera, E. V., van den Brandt, P. A., Colditz, G., Feskanich, D., Goldbohm, R. A., Harnack, L., Miller, A. B., Rimm, E., Rohan, T. E., Sellers, T. A., Virtamo, J., Willett, W. C. and Hunter, D. J. (2005) Alcohol Consumption and Risk of Lung Cancer: A Pooled Analysis of Cohort Studies, *The American Journal of Clinical Nutrition*, 82 (3) 657-667.

Bagnardi, V., Rota, M., Botteri, E., Tramacere, I., Islami, F., Fedirko, V., Scotti, L., Jenab, M., Turati, F., Pasquali, E., Pelucchi, C., Galeone, C., Bellocco, R., Negri, E., Corrao, G., Boffetta, P. and La Vecchia, C. (2015) Alcohol Consumption and Site-Specific Cancer Risk: A Comprehensive Dose-Response Meta-Analysis, *British Journal of Cancer*, 112 (3), 580-593.

Shimazu, T., Inoue, M., Sasazuki, S., Iwasaki, M., Kurahashi, N., Yamaji, T. and Tsugane, S.: Japan Public Health Center-based Prospective Study Group. (2008) Alcohol and Risk of Lung Cancer among Japanese Men: Data from a Large-Scale Population-Based Cohort Study, the JPHC Study, *Cancer Causes and Control*, 19 (10), 1095–1102.

보론

Imbens, G. W. and Rubin, D. B. (2015) *Causal Inference for Statistics, Social, and Biomedical Sciences: An Introduction*, Cambridge University Press.

Pearl, J. (1995) Causal Diagrams for Empirical Research, *Biometrika*, 82 (4), 669–688.

　세상에는 꼭 미신까지는 아니더라도 머피의 법칙이나 징크스를 믿는 사람들이 적지 않다. 텔레비전을 시청하다 보면 종종 중요한 경기를 앞두고 절대 하지 않는 행동이나 꼭 챙기는 개인 물품에 대해 이야기하는 운동선수들도 눈에 띄고, 중요한 시험을 앞두고 가족 모두가 꺼림직한 행동은 하지 않는다거나 최소한 미역국은 밥상에 올리지 않는다는 이야기도 종종 듣는다. 이런 행동은 매사에 너무 집착해 본질이 아닌 것에 휘둘리지 않는다면 인생에서 중요한 이벤트를 앞둔 이들의 염원의 표출쯤으로 보아도 좋을 것이다.

　그런데 앞에서도 언급했듯이 징크스 같은 것에 너무 집착한다면 이야기는 달라진다. 전혀 근거도 없는 거짓을 몇 가지 경험만 가지고 마치 진실인 양 만들어내고 믿고 또 그것을 누군가에게 강요하거나 그 과정에서 피해가 발생한다면 이는 분명 문제일 것이다.

'니컬러스 케이지의 연간 영화 출연 편수가 늘면 수영장 익사자 수도 같이 증가한다'거나, '미스 아메리카의 나이와 난방 기구로 인한 사망자 수', '상점가의 총수입과 미국 내 컴퓨터과학 박사 학위 취득자 수'도 같은 추이를 보인다는 이야기를 들어본 적이 있는가? (본문 [도표 1-3, 1-4, 1-5]) 이 말을 진지하게 믿는 사람은 없을 것이다. 너무 진지하게 말하면 오히려 놀리는 기분마저 들 것이다.

그런데 실제로 이런 일이 두 번, 세 번 반복된다면 어떨까? 위의 세 가지 사례는 1999~2009년까지 무려 11년에 걸쳐 수집한 정보를 취합한 결과다. 이 정도까지 되고 보면 불가사의한 일이라는 생각도 들 것이다. 세상에는 알 수 없는 힘이 있고 그 힘에 의해 인간의 머리로는 이해하기 힘든 일이 생긴 것쯤으로 말이다. 하지만 이것은 그저 우연의 일치일 뿐이다. 이를 통계학에서는 '거짓 상관'이라고 한다. 두 사실 사이에 상관관계가 있는 것처럼 보이지만 실은 아무런 관계가 없는 경우를 말한다.

이 정도의 거짓 상관은 그래도 재미있고 신선한 접근 정도로 넘길 수 있다. 하지만 실제로 근거 없는 우연의 일치들이 쌓여서 그것이 진실로 둔갑하고 이를 근거로 돈이 오가는 상황이라면 어떨까? 큰 손해를 감수해야 할 수도 있다.

　미야자키 하야오宮崎駿 감독이 이끄는 스튜디오 지브리의 영화가 일본 TV에서 방영되면 미국의 주가가 떨어진다는 '지브리의 저주'에 대해 아는 이들도 있을 것이다. 이 법칙은 미국의《월 스트리트 저널》에서도 소개되면서 화제가 됐다고 한다. 이것 역시 우연의 일치가 여러 번 반복되면서 많은 사람들이 믿게 돼버린 거짓 상관이다. 이런 유의 거짓 상관은 앞의 사례처럼 가벼이 넘길 수 없다. 이 정보를 신뢰해 실제로 투자할 때 고려하는 사람들이 있기 때문이다.

　이것이 개인 차원을 넘어 단체나 국가가 중요한 정책을 도입하거나 폐지할 때 인과관계를 제대로 검증하지 못한다면 어떨까? 국가가 인과관계를 잘못 파악해 실정에 맞지 않는 제도를 도입했다가 나중에 문제점을 깨닫고 제도를 폐지하게 된다면 개인의 투자 규모와는 비교도 안 될 정도의 큰 손해를 입을 수 있고 그 피해는 고스란히 국민들에게 돌아갈 것이다.

　이러한 상황을 피하기 위해 두 사실의 관계가 우연의 일치인지 상관관계 또는 인과관계가 있는지 파악하는 '인과 추론'이 필요하다는 것이다. 서구 국가들의 경우 인과 추론이 보편화돼 있어 일상적인 대화 속에서도 종종 들을 수 있다고 하는데, 일본은 아직 인과 추론이 보편화돼 있지 않다고 한다. 개인이 인과 추론에 익숙하지 않은 것은 물론 국가도 정책을 시행할 때 잘못된 인과 추론으로 실패를 경험한 적이 있다고 한다. 이러한 상황은 한국도 크게 다르지 않을 것이다.

두 저자는 그동안 참여했던 많은 연구와 유명 석학들의 연구 결과를 토대로 우연의 일치와 상관관계, 인과관계에 대한 이해, 인과 추론이 잘못됐을 때 발생할 수 있는 문제나 피해, 그리고 인과 추론 기법에 대해 쉬운 예시와 함께 재미있게 풀어간다. 이를 통해 아직 인과 추론이 익숙지 않은 사람들이 주변에서 발생하는 일을 감이나 경험치로 섣불리 판단하지 않고 객관적으로 파악할 수 있게 되기를 바라고 있다. 개인이 인과 추론적 접근을 하고, 이것이 사회로 확대되어 국가적인 정책에도 좀 더 과학적인 접근이 가능해지기를 바라는 두 저자의 마음이 담겨 있다.

인과 추론에는 매우 다양한 기법들이 있다. 이 책은 '랜덤화 비교 시험', '메타 분석', '자연 실험', '이중차분법', '조작 변수법', '회귀 불연속 설계', '매칭법' 등 다소 어렵게 느껴질 수 있는 기법들 또한 쉽게 설명하고 있다. 이에 함께 곁들여진 연구 사례에서는 '가정'이 특히 흥미로웠다. 어떤 가정하에 연구들이 진행됐고 그 결과는 어땠는지, 그리고 이를 수정해 기법을 어떻게 발전시켜나가는지는 번역 작업을 하는 내내 호기심을 자극했다.

지금까지 이런 접근이나 시각에 전혀 관심이 없었던 사람뿐 아니라 어느 정도 지식을 갖고 있는 독자라도 흥미롭게 읽을 수 있을 것이다. 나와 다른 시각에서의 접근은 항상 신선하게 느껴지며, 새로운 삶의 활력소가 된다. 그런 의미에서 옮기는 작업을 하는 동안 매우 감사하고 흥미로운 시간이었다. 이런 신선함을 독자 여러분도 느껴보기 바란다. 두 저자가 이끄는 대로 인과 추론을 경험하고 이를 생활 속에서 적용한다면 분명 지금보다는 조금 더 객관적인 시각을 가지고 합리적인 생활을 하게 되지 않을까 기대한다.

윤지나

옮긴이 윤지나

덕성여자대학교 일어일문학과와 한국외국어대학교 통번역대학원 한일과를 졸업했다. 현재 일본어 통번역
대학원 입시반 강사 및 통번역사로, 그리고 출판 번역 에이전시 베네트랜스에서 전문 번역가로 활동 중이다.
200여 편의 일본 드라마와 영화를 번역했으며, 책 『초보 번역사들이 꼭 알아야 할 7가지』, 『처음부터 실패 없
는 일본어 번역』을 썼다. 역서로는 『야근 없는 회사가 정답이다』, 『이것만 의식하면 건강해진다』, 『탄수화물
이 인류를 멸망시킨다』, 『당신이 꼭 알아야 할 불필요한 병원 의료 100』, 『교양 없는 이야기』 등이 있다.

원인과 결과의 경제학

초판 1쇄 발행 2018년 9월 20일
초판 4쇄 발행 2023년 7월 3일

지은이 나카무로 마키코·쓰가와 유스케
옮긴이 윤지나

발행인 이재진 **단행본사업본부장** 신동해
편집장 조한나 **디자인** 데시그
마케팅 최혜진 백미숙 **홍보** 반여진 허지호 정지연
국제업무 김은정 김지민 **제작** 정석훈

브랜드 리더스북
주소 경기도 파주시 회동길 20
문의전화 031-956-7355(편집) 031-956-7129(마케팅)
홈페이지 www.wjbooks.co.kr
인스타그램 www.instagram.com/woongjin_readers
페이스북 www.facebook.com/woongjinreaders
블로그 blog.naver.com/wj_booking

발행처 (주)웅진씽크빅
출판신고 1980년 3월 29일 제406-2007-000046호

ⓒ 웅진씽크빅, 2018
ISBN 978-89-01-22675-0 03320